交友余情

——忘れえぬ師友の肖像

髙橋 治男

目次

一　力衛さん

鈴木力衛（一九一一〜一九七三）

安倍能成院長のもとに発足した戦後の新制学習院大学において、フランス文学科の主任に選ばれたのは、愛知県出身の鈴木力衛教授であった。彼は言わずと知れた日本で最高のモリエール学者だったが、この人の秀才ぶりはつとに有名で、物覚えの速さは抜群。無駄なことかもしれないが、πなどは小数点以下の百ケタ以上も言えたそうだ。旧制高等学校には、旧制中学の四年修了時から受験できたので、秀才の誉れ高い人はいわゆる「四修」で高等学校に入学する。そして合格発表に際しては成績の良い順に名前が出たそうで、駒場の一高で同期だった評論家、明治大学教授の中村光夫は、『モリエール全集』（中央公論社）第四巻の月報に掲載された追悼文の冒頭で、「君は文科甲類の一番であった」と述べている。「知り合った当初から、君はぼくらにまばゆい存在であったが、間もなくこの秀才がただならぬ不羈の精神の持ち主であることが知れわたった。青年たちが少しでも有利な道を歩もうとひしめきあうなかで、君は向陵五年、普通の倍近くの時間をかけて自適し、一高を出る前に、アテネ・フランセを卒業し、生涯の進路を決定した。フランス文学との出会いは、君にとって運命的なものだった」。

旧制高校では、第一外国語の履修によって、英語、ドイツ語、フランス語の順に、甲乙丙と分類されていた。各学年で一度ずつ落第は許されたが、同じ学年を二度やることはできず、その場合は退学するしかなかった。だが仮に毎学年をダブって六年かけても卒業できれば、どこかの帝国大学に無試験で入学できたのである。力衛さんはボート部にもいたらしいが五年をかけて「よく遊び、よく学べ」を実践したという。確かに相当の遊び人であったようだが、じつは、その間にアテネ・フランセに通い、上級フランス語とラテン語やギリシャ語までマスターした。東大仏文科に入ると輝かしい秀才に戻り、卒業と同時に研究室の副手になって、やがてブルシエとしてフランスに二年間留学した。「パリの青春を彼ほど楽しんだ人はいない」という証言があるほど、演劇や芸能の世界で人間の生きる術の探求に励み、ジャン＝ルイ・バローその他の演劇人や劇作家たちとの親交も得て、エスプリ豊かで当意即妙の、会話の達人となって帰国すると、旧制学習院高等科の教授に就任した。後輩の碩学三宅徳嘉先生を非常勤講師に迎え、大久保輝臣、山﨑庸一郎、高木進、杉山正樹などを育てて東大仏文科に送り込んだのだった。

力衛さんは、先に引用した「よく学び、よく遊べ」とか「急がば回れ」などの人口に膾炙して諺のようになった警句を好んで口にしたが、さらに、それをもじって逆説的に使い、人びとを楽しませた。大変人懐っこく茶目っ気も大いにあり、サービス精神の旺盛な人だったから、力衛さんのいるところで座が白けるようなことは絶対になかった。囲碁、将棋、ブリッジ、麻雀なども強く、三十二枚で行うトランプゲームのブロットを弟子たちのあいだに広めたのも彼である。いたずらっぽい目をキラキラさせて、遊びたくなれば、「今日できることは明日に延ばせ」とか「明日できることは今日するな」などと言いながらカードを取り出す。そして授業では先週学んだことについて先生に質問された学生が、うっかり「忘れました」と言おうものなら、「人間、確実に覚えたことでない限り忘れることはできません。忘れたのではなく、最初から覚えなかったわけですね」とやり込められた。翻訳の大家でもある力衛さんは、すでに五十歳のときに翻訳作品数が年齢をはるかに超えていたが、モリエールをはじめとしてジロドゥーやアヌイ、マルセル・パニョルやジャン・コクトー、ポール・クローデルのなどの劇作家だけでなく、ユジェーヌ・ダビやバルザック、ユゴー、モーパッサンなど、何でもござれの勢いで素早く翻訳していった。先輩たちの証言によれば、学生たちとの合宿所で、大いに飲んで一緒に遊んだあとでも、翌朝は早く起きてご自分で決めたノルマの翻訳をしていたそうである。

しかし、彼には先に名を挙げた優秀な弟子や友人たちがたくさんいたので、部分的には弟子に下訳をさせたこともあった。わたしがとくに親しくしていただいた山﨑庸一郎先生は、「ぼくらが下訳した文章を力衛さんが読んで、ところどころ原文と照合して、ちょっと手を加えただけで、見違えるほどいい文章になった。不思議なもんだ。まるでアレクサンドル・デュマ・ペールみたいな才能だったね」と語ったことがある。そういえば講談社文庫で全十一巻の『ダルタニャン物語』も、力衛さんが中心で翻訳した作品である。

力衛先生は、文学座の顧問にして俳優座の養成所講師も務め、演劇活動に直接加わって、多くの俳優や演出家とも協力して仕事をしていた。彼の日本語訳が良くこなれているのは、演劇人たちとの対話や大学院における演習に至るあらゆる試練をくぐらせ、例えばモリエールの書いたアレクサンドランのセリフの訳などは何度も自分の舌の上で転がし、俳優たちにもしゃべらせ、修正を重ねて出来上がったものだからであろう。モリエールの作品のタイトルにしても、いろいろと考えた末に選びなおしている。当初は『孤客』、ついで『人間嫌い』と訳された『ル・ミザントロープ』を原語に戻したのは、例外的であるが、*Le Médecin malgré lui* を『いやいやながら医者にされ』と訳し、*Le Malade imaginaire* を『病は気から』と訳した言語感覚にはいまさらながら感心している。わたしが直接受けた力衛さんの授業でいちばんおもしろく、印象強く記憶しているのは、やはりモリエールの『ル・ミザントロープ』演習である。

力衛さんは、咽頭がんの発症に始まる闘病生活の後、六十二歳になったばかりで、みんなから惜しまれて永眠した。わたしも、学習院での先生の葬儀には、テントの下で受付とクロークのお手伝いをしたことを鮮明に覚えている。大勢の学者・研究者の他に有名な演劇人が多数参列して、わたしは岸田今日子からじかに手荷物をお預かりして感激したのだった。

さて、新制学習院大学のフランス文学科の創設以前にすでに教員だったのは、鈴木力衛教授の他に専任では、丸山熊雄（一九〇七〜一九八四）専任講師と石田友夫（一九二八〜）助手だけで、非常勤としても、のちに教授として専任になる辰野隆（一八八八〜一九六四）先生と助教授で専任になる三宅徳嘉（一九一七〜二〇〇三）先生しかいなかった。一九五二年のフランス文学科創設に際して、人望厚い鈴木力衛主任のもとに新たに加わった専任教員スタッフは、上記の方々の他に田島譲治（一九一一〜二〇〇三）、笹森猛正（一九〇五〜九〇）、谷長茂（一九一五〜八二）である。そして初代助手の石田友夫は専任講師に昇任し、大久保輝臣（一九二八〜一九九六）、小林善彦（一九二七〜）が助手に着任した。ノエル・ヌエット（一八八五〜一九六九）さんが非常勤講師に迎えられ、三宅徳嘉助教授は、五一年八月に、戦後二回目のフランス政府招聘給費生として渡仏した。

（二〇一六年七月記）

二　福永さん

福永武彦（一九一八～一九七九）

学習院大学には、一九五三年に専任講師として着任し、助教授昇任は五五年、教授昇任は六一年で、在職中に亡くなられた。葬儀は軽井沢の教会で行われ、わたしも出席した。八王子から初めて八高線に乗ったのは、そのときである。

東京帝国大学の学生だった福永末次郎と日本聖公会の伝道師であったトヨの長男として、福岡県筑紫野に生まれる。卒業後三井銀行に就職した父の転勤により、横浜、佐世保、福岡と転居した。母は一九二五年に弟の文彦を生んで産褥熱で死亡した。第一高等学校では弓道部に入ったが、同期の中村真一郎、加藤周一らとともに文学活動を開始し、マチネ・ポエティクを結成して、押韻定型詩の可能性を追求した。東京帝国大学の仏文科を卒業。この時期に仏文科の副手をしていた平岡昇先生は、『断想・うつろひ』のエッセイで次のように回想している。「十四歳も年が違っていたのに中村真一郎氏や福永武彦氏とはすぐ親しくなった。医科の学生だった加藤周一氏もふたりと会いによく研究室を訪れたので、三人がトリオのような一組をつくっているのはすぐ感じられた。【中略】福永氏にしても、仲間の読書会で研究発表をするのだといって、たしかまだ山内訳も出ていなかった『チボー家の人々』全巻を読破し、分厚いノートを何冊か抱えて研究室に現れたのをみて、『すごいなあ』と不勉強なわたしは感心したものである」。福永武彦は、大学時代に主にボードレール、ランボー、マラルメ、ロートレアモンなどのフランスの象徴詩を研究対象としていた。しかし小説も原文でたくさん読んでいたのである。詩人としての福永さんは、さほど多くの詩を残しているわけではない。しかし、詩作品に示された愛と孤独と死のテーマは、やがて小説において究められてゆく。「マチネ・ポエティク」のやや特殊な創作活動には、中村真一郎、福永武彦、加藤周一の他に、カミュの『異邦人』を最初に訳した窪田啓作や枝野和夫、後第八章で扱う白井健三郎や中西哲吉、それに紅一点、やや遅れて原條あき子が参加している。福永さんはこの原條あき子と結婚して一児をもうけたが、一九五〇年に離婚した。あき子は子連れで再婚し池澤姓を名乗るが、息子は高校に入るまで自分の父が福永武彦であることを知らなかったという。わたしは、ドリュ・ラ・ロシェルという、ナチスに協力してパリ解放後に自殺した作家を研究対象にしたとき、作品の入手が困難だったので、福永先生に数多くの原書をお借りした。その頃の先生が、高校生の息子のために洋書を購入して書店から送らせていたのをわたしは目撃している。息子はいま、優れた作家の池澤夏樹となって活躍している。

福永さんは病弱だったから戦争に駆り出されずに済んだ。徴兵検査のときに醤油を飲んで胃弱になったとの噂もあったが、肺結核の長い闘病生活が続いてもいる。それを想うと作家と研究者を兼務して残された膨大な仕事の量には感嘆せざるを得ない。しかも、加田伶太郎のペンネームで、ミステリー作家としても活躍している。わたしの学生時代に先生が「きみたち、作家になるならこれからはミステリーをやらなきゃだめだよ」と言っていたのを覚えている。彼はアナグラムが大好きで、「かだれーたろう」は「たれだろうか」のアナグラムである。「ふくながだ」を「船田学」に変えるといったいたずらもしている。学習院では、ボードレールやロートレアモンの講義や、「二十世紀小説論」などで人気を博していたが、いつも講義はすでに文章化されており、基本的にはそれを読み上げていた。教え子の研究者は大勢いるが、一番弟子は、やはり故豊崎光一でしょう。

わたしには、パリで国際結婚して優秀なガイドとして働いていた親しい友人がいるけれども、彼は若い頃、福永さんの小説を愛読していた。「フランス女性にプロポーズしたときのセリフはなんだったの？」と尋ねたら、彼は恥ずかしそうに「二つの孤独を一つにしませんか」と言ってみたんだ、と答えた。これはきっと『草の花』あたりの影響だったのではないかと思っている。

（二〇一六年七月記）

三

猛《モー》さん、猛先生

竹村　猛（一九一四～一九八七）

竹村猛先生がそそくさとこの世から姿を消して以来、早くも半年が経過してしまった。入院なさったのが一月末であったから、闘病僅か五か月。五月半ばに退院されてからは約一か月余の急逝。ぼくらにとって、あまりにも早く襲ってきたせっかちな昇天であった。六月末のお通夜と告別式の慌ただしさを想い起こすと、いまだに夢のなかにいるような気がするし、その後の自分の六か月の生活までが、まるで嘘のように思えてくる。

告別式直後の夏の初めに、当時『白門』の編集担当であった角田邦重教授から「猛先生のことを書きませんか」との誘いを受け、「少し時間をいただけるなら」と条件を付けて、僭越にもお引き受けした。いまでは、「しまった」と思っている。時間を置いてじっくり悲しみ、すべてを反芻してから書かせてもらおうと考えたのは、一に浅薄、二に不遜。愛弟子や先輩同僚に先んじて、柄にもなくぼくが担うべき責任ではなかった。猛さんのことを思い出せば出すほど、何を語り、何を割愛したらよいのか、訳がわからなくなった。猛さんは「ほうれ、見ろ」とほくそ笑んでいるだろうが、じつはこの半年間に、最初は信じられなかった〈猛さんの死〉そのものが、それだけが、生き物のように生長して、ますますその重みを増してきていたのである。この感慨をふと漏らしたぼくに、猛さんと親しかった法学部教授のひとり、加藤芳太郎先生は、「中村真一郎がなかなかいいことを言っているよ。〈死は生きている〉んだそうだ」と教えてくれた。そう、まさしく〈猛さんの死〉は生きて生長を続けている。それに対してぼくはどう対抗し、どういう顔をしたらよいのかもわからず、途方に暮れるだけだ。禁煙をしたくらいでは追いつかないに違いない。

亡くなられる一か月前にはがきをいただいたが、ぼくが猛さんにお会いできた最後の機会は、四月五日、順天堂病院の病室であった。

「いろいろ忙しくて、伺うのが遅くなりました」と言い訳をすると、「きみはいつでも時宜を失する男だ、まあ、それはいい」と言われてから、相変わらず旺盛なサービス精神を発揮して、こちらが知りたいと思っていることを次から次へと語りはじめた。ご自分の病気のこと。いまにして思えば、猛さんは何もかもご存じだったのかもしれない。「医者はグラニュラシオンと言っていた。要するに転移はしないが、セテュノートルル・ソルト・ドゥ・カンセールさ」とおっしゃった。そして停年退職されてから仕上げようとしておられたバンジャマン・コンスタンの翻訳とバルザックの仕事の話。「ぼくはね、きみ、いまになって残念に思うのは、自分の分野で弟子を育てなかったことだよ。自分と同じことをするやつなんか気持ちが悪いから、なるべくバルザックから遠ざけた。仕事の後継者がいないのは自業自得だよ」。

ぼくは、フランス文学関係の猛さんの弟子たちのうちで、自分の知っている何人かの顔を思い浮かべながら聞いていた。遠ざけられたにしては、みなさほど遠くないところにいるとも言える。そして何か言わなくてはと思い、「ぼくに出来ることがあったら、お手伝いしますが……」と言うと、「きみに出来るわけがないでしょ」、と一蹴された。このときが最後になるなどとは、思いもよらなかった。「また、伺います」と言ったものの、とうとう、その後、生身のお声を聞くことができなくなったわけである。

初めて猛さんにお会いしたのは、ちょうど二十年前の春、一九六七年のことだった。もちろんぼくもフランス文学研究者のはしくれだったから、すでに著名な竹村猛の名と、バルザックやコルデロス・ラクロの翻訳を通じてそのお仕事を存じ上げていた。出会いは、当時猛さんが教授であった埼玉大学に、ぼくが新米の非常勤講師として招かれたときに遡る。直接推薦してくれたのは、じつは猛さんではなかった。だからこそ猛さんは、得体のしれない若造のぼくをつぶさに観察しようとしたのだろう。同じ曜日に出校していたから、週に一度はお会いするようになって初夏を迎えたある日、「きみ、今日、都合が悪くなければ、付き合ってくれたまえ」と誘ってくださった。酒のお相手が始まったのは、このときからで、思えばあの頃のぼくも強かったが、猛さんときたら桁違いの強さだった。あとで奥さまにこのことを申し上げたら、「台北の頃はあんなもんじゃない、もっとすごかったんですよ。中島健ちゃん（健蔵）がインドシナに行く途中で寄ってくれたときなんか、滞在時間中、ずっと飲みっぱなしで……」。五十代の猛さんが三十そこそこのぼくより強かったのだから、若いときは、確かに怪物的だったろう。肝臓も丈夫だったろうが、胃はとくに強靭だったらしく、のちに自ら説明してくれたところによると、「胃の形には二種類あって、牛刀型と勾玉型。牛刀型が理想だそうで、ぼくのはそれだ」と自慢していた。胃下垂と診断されていたぼくは、胃の形だけは、猛さんより上品であったと確信する。

それにしても、ぼくが、あとにも先にも、ぶっ続けに長時間、大量にアルコールを飲んだのは、埼玉大の帰り、猛さんと一緒に過ごしたあの日を置いて、ほかにはなかろうと思う。延々十五時間、モスクワまわりならパリに着いてしまうほどの長時間、北浦和の寿司店から始まり、池袋、雑司ヶ谷、新宿と飲み歩き、途中で某先生を呼び出したりして、よくもまあしゃべり続けたものである。確かほとんどが日本酒だった。明け方にたどり着いた新宿西口の《三日月》という店と、そこの女将さんをいまでも思い出す。この店で初めて猛さんの美声を、何曲もの唄を聞いたからだ。いや、ちゃんと唄を聞いたのは、このときが最初にして最後だったかもしれない。カラオケなどない時代だから、青く白みだした刷りガラスの窓と、寒々としたたたきの土間に、朗々と「真白き富士の嶺、緑の江の島」を歌う猛さんの声が響き渡った。ぼくも声を合わせたが、そのうち女将さんの注文を受けて、猛さんは、おそらく兵役時代に覚えたのだろう、ぼくの知らない奇妙な唄を歌い出した。それは、「戦友」ほど長くはないにしても、何番も続く長い唄で、やがて女将さんと猛さんとのデュエットになった。ほかに客はいなかったから、聴き手はぼくひとりで、聞いているうちに、旋律はいやでも覚えてしまった。歌詞は冒頭から色っぽく、しだいにきわどさを増していったと記憶しているが、いま思い出せるのは、一番だけである。

〽　月に一度のあれさえなけりゃ　あんたに苦労はかけやせぬ

ぼくの知る限りでは、猛さんはこのとき以降、この唄を歌ったことがない。そしてぼくらはこの日の朝、女将さんに「もう帰ってくれ」と頼まれるまで飲んでいた。だから最後は酒が切れてしまったわけである。ぼくは帰ってからこの日の夕方まで起き上がれなかったが、猛さんがどうであったかは知らない。

ぼくは、最初から「猛さん」と呼んでいたわけではない。ずっと長いこと、「先生」と呼び、そのうち「猛先生」になり、「先生」の退職間際になって、初めて「猛さん」になった。それも最初は蔭でしか言えず、面と向かって言えるのは、たいがい酒の入ったときであった。いつの間にか自然に「猛さん」と言えるようになったわけは、素面ではめったに会わなかったから、いや、お会いすれば素面のままで別れたことがなかったからに違いない。

しかし、これにはもうひとつ、いきさつがある。ある日、猛さんはこう言った。「ぼくはきみを教えたことはない。きみに〈先生〉と呼ばれる理由はないんだ。やめて欲しいね」。

じつは、たまたま埼玉大の仏文研究室にいて、隣室で始まった猛さんの仏文の授業を、ぼくは全部聴いてしまったことがある。それはフランス語で書かれた文学作品を題材にしてはいたものの、まぎれもない日本語の授業だった。学生の試訳を聞いて、猛さんは、「それ、日本語ですか。そういう日本語ありますか」とたずねていた。言葉というものに特別な愛着を示し、稀に見る神経を注いでおられた猛さんから、直接授業中に多くを学びとった直系の弟子はたくさんいる。だが、このような教えは、教室内に限って行われるわけではない。場所も時も選ばずに行われるはずであるし、ご本人がその気でなくても、こちらが学ぼうとすれば、教えは見つかったであろう。その意味では、あまり出来の良くない教え子であるにしても、ぼくも猛さんの弟子の末席に名を連ねさせてもらってもよい、と思っている。じじつ、度重なる酒席や会合の機会に、うっかり日本語の発音や抑揚、アクセントを間違えたり、あるいは本物の無知をさらけ出したりすると、猛さんはきちんと直してくださるか、さもなければ、わざと辱しめを与えて奮起を促した。「客観的」を「カクカンテキ」と好んで発音したのも、特別な美意識があってのことだったろう。猛さんにとって、「観音様」は、「クヮンノンサマ」であったのかもしれない。いずれにせよ、ぼくは「先生」と呼ぶなとの猛さんの注文に、いろいろ理由を付けて反駁し、抵抗を試みた。すると、「まあ、ほんとは〈猛さん〉がよいのだが、せめて〈猛先生〉位にしてくれないか」と言われたのである。

古くから猛さんを知っていた方々は、〈猛ちゃん〉と呼んでいた。通教部長を務められ、猛さんの一年後に退職された浅川淳先生の口から〈猛ちゃん〉をお聞きしたことがあるし、今年度で学習院を停年退職される三宅徳嘉先生も以前、「中央の法学部に就職したって？　じゃあ、猛ちゃんのとこか」とおっしゃった。故鈴木力衛先生は、「猛ちゃんは、一高のとき、ぼくがいくら待っていても追いついてくれなかった。猛ちゃんのほかの同級生はみんなぼくを抜くか追いつくかしてくれたのに、彼だけは、ぼくと同じだけ足踏みした」、と懐かしがったことがある。猛さんも力衛さんも、中学を四修で旧制高校に進んだ秀才だったが、一高には通常の倍近くの年数も在籍したのだった。豪傑だったわけである。

　一九六九年の春から、直接には猛さんと鈴木重生先生の推薦で、ぼくは中央大学の教員になった。普段が紳士的であり過ぎたせいか、五十代後半頃までの猛さんは、飲むと辛辣な毒舌を振るい、しかもかなりしつこく、いくら飲んでも平気の平左。話題がなくなれば、人をからかう。それを怖がったり嫌ったりする人もいたけれど、いま思うと、なかなか愛嬌もあった。中原中也の詩ではないが、「さよなら、さよなら、おい、出口はあっちだ」の台詞を聞いた人は大勢いることだろう。こんな経験もある。やはり話題がとぎれたときのことだ。

「きみはいま、ぼくのことを馬鹿だと思っているな」。突然、猛さんが言う。「そんなことありませんよ」とぼくが真面目に応える。「嘘をつけ、ちゃんと顔に書いてある」。それからしばらく、あることないこと文句を言う。要するに絡みたかったらしいのだ。

　次に同じ質問を受けたとき、ぼくは「ええ、もちろん、そうです」と答えてみた。すると猛さん、「ほうれ、見ろ。やっぱりそうだ。お前ってやつは……」と、小言を続けた。どっちに転んでも助からないと思ったぼくは、三度目には、「いま始まったことじゃない、二番煎じはやめてくれ、三度目だよ、これで。もうその手は食わない」と大声を出してやった。それっきり、猛さんはぼくに同じ質問を浴びせなかった。「二番煎じ」が大嫌いだったようである。テーマや題材が同じであっても、猛さんは一度として同じ授業や同じ講演をやったことはなかったであろう。少なくともその自負をお持ちだった。

考えてみると、ぼくはずいぶん猛さんにからかわれ、愛され、鍛えられたような気がする。多摩に移転してからのことだが、豊田駅のプラットフォームで、ぼくは畏れ多くも、「うるせえっ、この爺いっ」と怒鳴ったことがある。どうしてそうなったのか、もはや前後のいきさつはわからない。しかし、とにかく「聞きわけのない人だ」という印象が昂じて、ぼくは怒りを爆発させた。翌朝、どうも寝覚めが悪く、気になってしょうがない。とにかく大変に失礼なことをしたらしいから謝っておこうと、猛さんに電話をかけた。「昨夜は大変失礼なことをしたようで、申し訳ありません」。そこまで言うと、猛さんは、「え、何のことかね。ぼくは覚えていませんよ」と来た。何とも粋な救済法であった。

お茶の水、駿河台、神田の時代に、猛さんはよく仕事その他で《山の上ホテル》に宿泊されたようである。ぼくは訳業等の仕事でご一緒する栄誉はなかったが、しばしば遅くまでホテルのバーに居残っていたから、「きみ、ぼくの家に電話してくれるか？」と頼まれることもあった。かくてぼくは、竹村夫人にとっては〈亭主の最悪の弟子〉、〈家庭破壊の元凶〉となり、すっかり信用を失ってしまった。「もしもし、竹村先生のお宅ですか？　いま先生と一緒です。まもなくお帰りになります」とか、「今夜は《山の上ホテル》に部屋をおとりになりました」などと、お伝えしたわけである。その頃、ぼくは目白に住んでいて、少々遅くなっても帰れたし、タクシーで帰ってもさほど金はかからなかった。それなのに猛さんと《グリーンホテル》に泊まったことがある。《山の上ホテル》がすでに満室だったために、猛さんは《グリーン》を選んだのだが、ここもツインの部屋しかなかったので、ぼくらは同室で眠ることにした。廊下の自動販売機で缶ビールを買って部屋に籠ると、猛さんは、「きみ、奥さんに電話したまえ」。ぼくが女房に言い訳をして、いわば外泊の事後承認を得るのをにやにや聞いていたのち、猛さんは、「ぼくの家にも電話してくれ、ぼくよりきみからの方がいい。まだきみの方が信用はある」。それこそ「嘘つけ」と言いたいところだったが、ぼくもぶつぶつ愚痴りながら、仕方なく奥さまに電話をかけて、お許しを得ようとした。するとこの日の奥さまは、理路整然、ぼくをこんこんと諭してくださり、「あなたは、そんなことをしていていいのですか？　あなただって、奥さまがいらっしゃるでしょ。しかも目白に住んでいて、どうして竹村となんか、外泊するんです？　いいですか？　あなたはもう竹村と付き合っちゃいけません。おわかり？」。「はい、でも……」。「でもじゃありません。おわかりですね」。「はあ、どうもすいません」。

何が何だかわからぬまま、受話器を置く。猛さんは笑いをかみ殺していたが、いたずらっぽい目で「何て言ってた？」と、ぼくに聞いた。

「ひどく叱られましたよ」。ぼくの説明に猛さんは頷いて、「ほうれ、見ろ、まったく女房の言う通りだ。ぼくもそう思うね」と言って、缶ビールを開けてくれた。

翌日は、祭日であった。《グリーンホテル》は、阪神タイガースの定宿であったから、ぼくらは朝九時半頃、堂々たる体躯の江夏や田淵がのっしのっしと闊歩してバスに乗り込むのを間近から見ていた。そして早々とホテルを出ると、しばらく散歩をし、ぼくは猛さんの言いなりになって須田町のほうに歩いて行き、生そば《松屋本店》の暖簾がかかるのを遠くから見届けると、急に足を速めたのだった。

ぼくにだけではないが、猛さんは、人なつっこく、よく電話をかけてきてくれた。「きみ、某所にいるがね、出てこないか?」。ある夏、穂高の自称山小屋から、「すぐ来ないか、〈あずさ〉に乗れば速いぜ。奥さんも一緒に」。「そんな、無理ですよ、急に。また今度、次の機会にしてください」。「次の機会なんか、ないんだよ、きみ」。

じじつ、「次の機会」も「今度」もなかった。学会などで一緒に旅行したときも、猛さんはつねに誰よりも早く駅に来ていたし、教授会の開催五分前には、必ず所定の席に坐って待っていた。そんな几帳面さを最後まで発揮したのか、せっかちに急ぎ足で、逝ってしまった。あまりにあっけなかったので、いつかまた、「某所にいるがね、きみ、出て来れるかい?」なんて、電話がかかって来るような気がしてならないのである。改めて、心からご冥福をお祈りいたします。

(一九八七年十二月記、『白門』一九八八年一月号に掲載)

四　安曇野の青春——並木さん追悼

並木康彦（一九二三〜一九八九）

駿河台の教員室でぼくを並木さんに引き合わせてくれたのは、いまは亡き谷長茂先生だった。ぼくが初めて中央大学の兼任講師になった一九六八年のことである。「並木です、よろしく」とだけ、並木さんは言った。そのとき彼は獨協大学の教授で、中央の兼任としてもすでに十年以上のキャリアを持つ古株であり、ぼくは駒澤大学の専任講師だった。安田砦の攻防戦で明けた翌一九六九年の四月から、並木さんとぼくは、所属学部こそ違ったが、中央大学の専任教員として同時に着任した。全共闘運動の最盛期、学園紛争の真只中である。数か月経って、鉄板塀に囲まれた校舎で授業が再開された頃、彼とぼくは一緒に教員組合の執行委員を務めていた。

あれ以来、彼と共有した時間がどれ位になるのか、計り知れない。紛争のさなかにはあまり機会がなかったが、一応普通に授業が行われるようになると、ある曜日の夕方にはきまって《ラドリオ》や《ランチョン》で、彼や谷長さん、竹村猛さん、水野明路さんたちと会い、話をするようになった。とりわけ《ラドリオ》には、他大学の先生方を含めてフランス文学者やドイツ文学者が数多く集まり、そのメンバーは多士済々だったから、いちばん若いぼくにとって《ラドリオ》は仕事のあとに特殊講義を受けに行く学校のようなものだった。文学のことばかりではない。人生全般にわたって、飲みながら多くの示唆を受け、いろいろなことを教えられた。並木さんは、いつの頃からか、ウイスキーの水割りにかなり大量のレモン汁を加えて飲み、そのあいだに何杯かの珈琲を注文し、時折〈仁丹〉の粒を噛みながら、「脳みそをすり合わせる」ような「知的会話」を楽しんでいた。もともとスタンダリアンだったわけだが、彼の鋭い人間観察と辛辣な批評は、フランス文学の主流であるモラリストの系譜に属していたし、それも多弁を避けて寸鉄人を刺す表現を好んだところから、間違いなくラ・ロシュフコーが好きだったのではないかと思われる。

彼の舌鋒は、天皇制とその戦争責任、そしていまだに「共和国の経験をもてずにいる」文化的風土を問題にするとき、とくに鋭く激しくなり、媒酌人をつとめてくれた恩師の渡辺一夫大先生でさえ、この点では批判を免れなかった。「渡辺銀行の御曹司には、日本のインテリゲンチャの典型としての限界がある」と、よく言っていた。「日本人の、じめじめべとべとした人間関係や考え方や感じ方は、梅雨時に象徴される湿度の高さと関係があるな」とも言っていた。ぼくが天皇家の子弟が通う大学を卒業したことも、本心では、おそらく最後まで許していなかったはずである。彼は『風流夢譚』の深沢七郎を、大変高く評価していた。

並木さんは、文京区真砂町の生まれで府立一中の出身だったが、高等学校は京都の旧制三高を選んだ。しかし山が好きだったのと、たぶん胸を病んで療養の必要があったことから、三高在学時代には信州にいた時間がかなり長かったようである。彼は京都だけでなく松本周辺にも多くの友人をもっていた。きっかけは、三高で得た親友が松本出身であったことかもしれない。敗戦直後に、土砂と岩に埋もれた釜窪道を這うようにして進み、晩夏の上高地に辿り着いたときの感激や、〈伊藤新道〉を切り開いた伊藤氏たちとの交友や、北アルプスの登山家たちのあいだで伝説となっている「三俣蓮華の山賊」と思しき人物と山小屋で同宿した思い出等々、安曇野にちなむ話は数限りなく聞いた。東大仏文科を卒業したあと、新東宝に就職して映画監督を志したものの、体力に見切りをつけてやめることになったわけだが、その際、いちばん先に彼を教師として迎えた職場が信州大学医学部であったのも、決して偶然ではあるまい。

信大医学部でフランス語を教えるようになって、彼は松本市郊外の浅間温泉に部屋を借りて住んだ。そしてその翌年、一九五三年の四月からまる二年間、松本深志高等学校の専任教官をも務めることになる。信州でのこの三年間、とくに深志高校での二年間は、彼にとっておそらくかけがえのない「特権的時間」となったに違いない。奥さまとの出会いはたぶんこの時期であったし、深志での多感な教え子たちとの付き合いは、漱石の『坊ちゃん』の世界を彷彿とさせる。いや、師弟の緊密さにおいては『坊ちゃん』をはるかに凌ぐ類稀な世界であり、始まったばかりの悩ましい青春と円熟しきった青春末期とのしあわせな交流であり、共有でもあった。並木さんには、自分のことはあまり口にすまいとする恥じらいが強くあったから、この時期のことをぼくが知ったのは、後日彼の教え子たちを紹介してもらってからのことである。奥さまとの出会いについてぼくが質問したときも、並木さんは、「いや、信州の閉鎖された地域社会から脱出したがっていた乙女を、俺が助けてやっただけの話さ」と言って笑った。一見気障に聞こえるこの表現には、彼一流の照れ隠しと自己の客体化、さらにそれ以上の問いを遮断する意志が込められている。

ぼくが初めての留学から戻った最初の夏、一九七三年の七月に並木さんは「松本に行こう」と誘ってくれた。「信州を案内する」というのだ。「二等で行こう」というぼくを、自腹を切って特急《あずさ》のグリーン車に乗せてくれたが、八王子を過ぎる頃からぼくらは食堂車に移動して、そのまま松本までグリーン車に戻らなかった。

初めてのこの松本旅行のあいだに、ぼくは並木さんの親しい教え子たちのほとんどに紹介してもらい、大変な歓待を受けた。松本在住の深志の卒業生だけでなく、東京で活躍している人も加わって、昼間は上高地や松本周辺の安曇野の一郭を車で案内してもらい、夜は馬刺しだの田楽だのの郷土料理に舌鼓を打つ。並木さんの教え子たちは、幸いにしてぼくとほぼ同世代だったから、たちまち親しくなって、いわば同窓会に飛び入りした形だったにもかかわらず、ぼくも彼らの青春を共有しているような気になってしまった。並木さんは、安曇野の風景、とりわけ梓川の畔から見る明神岳の姿に感嘆しているぼくを静かに観察していた。

この年の夏、ぼくは北海道旅行を計画していた。そのまま松本に残る並木さんと別れてひとりで帰京したぼくは、北大の親友の招きに応じて札幌に飛び、知床の羅臼岳に登って二週間後に東京に戻った。すると並木さんから、次のようなハガキが届いていたのである。

「東京にお帰りになったら、至急連絡してください。松本市郊外の丘陵住宅地帯に、アパート形式の住居を借りました。安かったので。《しづか》《丸茂》まで、ぶらぶら歩いて二十五分です。窓から美ヶ原のてっぺんが見えます。賃貸契約はたやすかったけれど、所帯道具の整備にはほとほと精も根も尽き果てました。〈……深志グループ蟻ヶ崎宿舎〉と名づけました。一般世帯と同じに見られては、いろいろと差し障りや面倒なことがあるからです。同人は、並木、山根、草間、高橋の四名のつもりですが、貴兄が同人として参加されるもされぬもまったく自由です。ただ、早く態度を決定してください【後略】」。

ぼくはただちに連絡して、二つ返事で参加する意志を伝え、通教のスクーリングが終わるとすぐに山登りの準備をして松本に行った。〈蟻ヶ崎のアジト〉は、四畳半と六畳の、新婚夫婦が営む愛の巣のようなアパートで、東の窓からは坐したまま王ヶ頭が見え、ちょっと歩いて城山の展望台に登れば、乗鞍から遠く白馬三山に至る西山の峰々が一望に見渡せるところにあった。〈アジト〉は結局五年余のあいだ維持されて、ぼくはここを拠点に北アルプスの山々をずいぶん歩いた。白骨温泉でお膳運びをして働いたのも、深志高校の卒業生のひとりが、某旅館の番頭さんだったからである。「ちょっと行ってくる」と言ったまま、用意した水筒を忘れたのに燕から槍に足をのばし、連絡もせずにたいそう心配させたこともあった。思えばあの〈アジト〉をいちばん利用したのは、ぼくだっただろう。そして並木さんとは、長い休暇のたびにここで一緒に生活し、松本の市内で信州そばを食べ歩いたり、馬刺しを比較賞味したり、春先には溶けかかった雪のなかを登って、蕗の薹を採りに行ったりした。彼は馬刺しなどほんとうは好きでもないのによく付き合ってくれたし、ぼくが用意した食事に文句をつけたこともなかった。けれども困ったことに、時折松本駅に行って駅弁を買ってきては、いつまでも食べずに冷蔵庫に入れておく癖があった。ぼくらも戦時中と戦後に食糧不足の時代を経験しているが、並木さんの世代はもっとひもじい思いをしたのだろう。彼は、かりに食べなくても、最小限の食物が身近にないと安心できなかった。しかし、冬はともかく夏のあいだはいくら冷蔵庫に入れていてもやはり食中毒が怖かったから、ぼくらはしばしば古くなった駅弁をこっそり処分したものである。

〈アジト〉の同人が一堂に会すると、深志の同窓の仲間も現れたりしてよもやま話に花が咲き、それを聴いているぼくにも約二十年昔の安曇野の日々が断片的にわかってくるのだった。フランス語を履修していないのに並木先生の授業に出席し、授業終了と同時に「先生、モクねえかい」と訊いて並木さんを困らせた話や、浅間の並木先生の居室に留守中何人かで上り込んで、たまたま訪れた未来の並木夫人を「いったい何しに来たんだ」と言わんばかりの態度で追い返した話だの、さらには夏休み終了直前に男女学生ふたりで先生を誘って上高地に行ったら、いざ帰るという日に雨で上高地線が不通となり、三人とも新学期の開始日に間に合わず、学校では大騒ぎだったという話もあった。最高の傑作は、リンゴ園の主から学校に届けられたリュックサックの一件である。食べ盛りの高校生のなかには、リンゴの収穫時に闇に乗じて無断で収穫に行く者がときどきいたらしい。しかし必ずしも成功するとは限らない。あるとき、リュックいっぱいにリンゴを詰め込んで引き上げようとした瞬間、果樹園の主に発見され追いかけられた。「逃げろッ」と言っててんでに走り出したものの、満杯のリンゴはずしりと重い。捕まってはたまらぬと、やむを得ずリュックを捨てて一目散に逃げた。そのリュックには「松本深志高校教官並木康彦」と、墨ではっきりと所有者の氏名が記されていたのである。このような思い出話を、並木さんは笑いながら黙って聴いていた。おそらく後始末にはいろいろ苦労したに違いないのだが、こちらが質問しないかぎりは、けっして注釈をつけなかった。

彼は絵が上手で、ある時期までは人物のデッサンと水彩の風景画をかなりたくさん描いていた。一度古いデッサン帳を見せてもらったことがあるが、そこには若き日の辻邦生氏の顔もあった。その絵はいま、モデルの手に渡っている。

東京では唄など歌わなかった並木さんが、松本の〈アジト〉ではたまに歌うことがあった。哀感に満ちた正調安曇節をぼくに教えてくれたのは彼である。

〽岳の雷鳥と案内人は　どこの岩場で果てるやら　チョコサイ　コラホイ

〽胸は焼岳　身は穂高岳　鷲に乗鞍　槍ヶ岳　チョコサイ　コラホイ

一度、並木さんは、べらぼうに長くてじつに哀しい古い唄を歌ってくれたことがある。確か「伊予の松山　兄妹心中[1]」というタイトルだったと思う。おそらく三高時代に、彼はこの唄を松山出身の親しい友人から教わったのであろう。最愛の妹に激しい恋心を抱く兄の気持を知り、このままでは近親相姦が避けられないと考えた妹はついに、兄に、自分には想い人がいると思わせ、その架空の恋人である虚無僧に自ら変装し、恋敵を倒すために辻斬りを試みた兄の手にかかって死ぬ。最後の方の「闇にひらめく　やいばの光、哀れ虚無僧は　バッタと倒れ」を歌ったときの並木さんの声と、大きく体を揺すったそのしぐさだけが、いやに鮮明にぼくの耳目に残っている。

松本のぼくらの〈アジト〉は、故あって五年余を経て解散し、以来、並木さんもぼくもそう頻繁には安曇野に行けなくなった。しかし、あれは何と楽しい日々であったろう。あの〈アジト〉を通じて、ぼくは並木さんと彼の信州と、その親友たちの青春を垣間見ることができた。信州を愛し続けた並木さんは、「なあ、髙橋、デュヴィヴィエの映画じゃないが、『Belle Equipe』ってのは、やっぱり一回限りなのさ」と言いながらも、〈アジト〉の再興を諦めていなかったようである。けれどもその並木さんがこの世を去ってしまった以上、もはや「やっぱり一回限り」であったと思わざるを得ない。

並木さんは一九八九年三月十九日午後九時十二分、日本医大の永山病院で、奥さまとお子さんに看取られて、息を引きとった。ぼくは野暮用に拘束されていたために残念ながら遅れて間に合わず、臨終に立ち会うことのできた彼の親しい後輩同僚は、相磯佳正ひとりだった。

今年の夏、ぼくは自分の仕事の都合でパリに行き、モンマルトルの丘の北側の、蚤の市にほど近い屋根裏部屋で旧友と一緒に二か月を過ごした。出発前に並木さんの奥さまから「セーヌ河に流してやってください、並木はパリが好きでしたから」と、和紙に包んだ並木さんの御遺灰の一部をお預かりした。道中はサイドバッグに入れて行き、友のいるアパルトマンに着くと、ぼくのベッドの枕元にあるアルモワールのなかに安置した。並木さんとは以前パリで二度にわたって同時に滞在する機会を得ていたが、今回こんな形で同居することになろうとは夢にも思わなかった。お引き受けしたものの、セーヌに流すことにもいささか抵抗があった。できたら墓地に埋葬したほうがよい、ペール・ラシェーズのブロック家に入れてもらおうか、モンマルトル墓地の「ミラノ人、アンリ・ベール」の傍らに埋めようか、それとも〈連盟兵の壁〉近くに埋めようかと、あれやこれやさんざん迷っているうちに八月も終わりに近づき、ある夜、並木さんの夢を見た。それは、まだ病にやつれていない、ふっくらした顔の、〈アジト〉時代の並木さんで、黄金色まじりの白髪を波打たせてすっくと立ち、微笑んでいた。「そんなはずはない、死んでしまったのに……」と思いながら見つめていると、彼は「何を驚いているんだ、髙橋」と言った。ぼくはとっさに、「じゃあ、なおったんだね、元気になったんだね」と、彼の手を握り締める。「当たり前じゃないか、こうしてここにいるんだから」と彼は答えた。「じゃあまた、一緒に松本に行けるね」。「うん」。「山にも登れるね」。すると並木さんは一瞬口をとがらせ、安曇野の言葉で「そんなズクはないよ」と言い、顔をくしゃくしゃにして笑った。

そこで目が覚めた。手にはまだ握手の感触が残っているような気がして、ぼくは右手を拡げてまじまじと見、それからアルモワールのなかの御遺灰をさわってみた。作り話ではない。ほんとうに現われたのである。

ぼくは結局、奥さまから言われた通りにセーヌ河に流すことにした。九月一日、前々から立ち会うと約束してくれていた同宿の前田祝一と一緒に、ぼくは並木さんの御遺灰をもってシテ島最西端の〈スカール・デュ・ヴェール・ギャラン〉に向かった。ポン・ヌフのアンリ四世像の下に行くと、たまたまパリにいた高坂和彦と神戸仁彦も来ている。高坂は並木さんと面識があった。石段を降りてスカールに着くと、セーヌの下流に臨む島の先端には、ひともとの柳の大樹が「やわらかき蔭を」つくって、その下に若い娘がふたり腰をおろしていた。「湿っぽくならないほうがいいから、包みをはずしてばら撒いたら？」と誰かが言った。「いや、やっぱりこのまま流すよ」と応えて、ぼくは南側の河辺に降りて、午後二時十二分、さざ波寄せるセーヌの水に水平に和紙の包みを投げた。包みは岸辺から三メートルばかりのところを十秒ほど漂っていたが、突然ぶくぶくと泡を立てると垂直に河底に沈んでゆき、姿を消した。あれからあと、まだ並木さんの夢を見ていない。合掌。

（一九八九年十一月記、一九九〇年二月発行の『仏語仏文学研究』第二十二号に掲載）

注

（1）故並木康彦氏は、生前、わたしの要望に応えて「伊予の松山　兄妹心中」の全歌詞を、味のある手書きで書いて送ってくれたことがある。「昔、信州時代に作ったプリント一枚の紙切れが、いまだに出て来ません。歌を聞きながら記憶通りタイプを打ちましたが、九分九厘まで正確なはずです。一九七八・五・八。高橋学兄。並木　生」と別紙の添え書きがあった。上記のように「学兄」の二文字は小さく書いてあった。全二〇番までの歌詞は、左記の通り。

1　伊予の松山　きょだい心中
伊予の松山　きょだい心中

2　兄は廿一　その名を照男
妹はたちで　名はお清

3　兄は二階で　エイゴのべんきょ
妹座敷で　お針の稽古

4　ある日妹は、二階に上り
もおしあにさん　ビヨキはいかが

5　そこであにさん　答えることに
わしのビヨキは　故あるビヨキ

6　医者も薬も養生も　要らぬ
いとしそなたと　一夜を添えば

7　わしのビヨキは　たちまち治る
聞いて妹は　びっくり致し

8　これさ　あにさん何言はしゃんす
親に聞かれりゃ　勘当と言はれ

9　人に聞かれりゃ　畜生と言はる
そこで妹は　座敷におりて

10　下に着たのが　白ちりめんで
上に着たのが　黒ちりめんで

11　二尺八寸　尺八持って
夜ごと夜ごとを　流して通る

12　ある日あにさん　妹を呼んで
お前このごろ　どうしたことか

13　怪し虚無僧の　来るたびごとに
お前決まって　姿が見えぬ

14 いったいいつから　そのよな仲に　なっていたかと　詰め寄り問へば
15 そこで妹が　答えることに　もおしあにさん　あの虚無僧を
16 いっそ　殺して下さるならば　わたしゃ　あなたの思いのままよ
17 伊予の松山　夜は更け渡る　かすかに聞こゆる　尺八の音
18 闇にひらめく　やいばの光　哀れ虚無僧は　バッタと倒れ
19 そばに駆け寄り　天蓋取れば　哀れ虚無僧は　妹じゃないか
20 返す刀で　喉かき果てて　伊予の松山　きょだい心中

五　わが友、わが同僚

飯田浩三（一九三六〜一九九一）

ずいぶん昔のことになるけれども、飯田浩三は『白門』に「西へ行く切符」というタイトルで珠玉のエッセイを書いた。わたしはいまパリにいるので、残念ながら読み返すことができないが、彼のことを思うにつけ、このエッセイを読んだときの強烈な印象が甦ってくる。

彼は、千葉県の飯岡海岸の北、銚子の西にある旭市で、九十九里浜に打ち寄せる荒波と犬吠埼の怒涛と大利根太郎のゆったりとした流れに囲まれ、その豊かな幸に恵まれた地域で育った。関東の東端、それより東には広大な太平洋しかない土地に住む少年にとって、海も海のかなたも憧れの対象になりえたであろうが、彼の場合は、銚子から出発する総武本線の上り列車、まず千葉を通って当時は両国を終着駅とした、逞しい蒸気機関車の牽く汽車に乗ることが憧れの的であった。東京に向かうということは、玩具でも本でもほしいものが見つかり、大勢の人びとがうごめく大都市とその文化に接近することだった。幼い頃から始まる東京への憧れ、西への憧れ、やがてはさらに遠く日本を離れて、崑崙砂漠やゴビの砂漠を飛び越え、ヨーロッパ、フランス、パリへと収斂してゆく憧れと、おそらくはそれが裏切られるときの幻滅と現実の再発見とを、正直に、かつ鮮やかな象徴を用いて描いて見せたのが、あの「西へ行く切符」であったと思う。わたしは一読して文字通りぎゃふんとなる衝撃を受け、なんという人なのだろう、と感嘆したものだ。あの九十九里浜の砂浜に聳え立つノートル・ダムの大聖堂が、桂文楽か古今亭志ん生の語る落語の人情話とともに音たてて崩れてゆくさまを描出した想像力と才能には、正直に言って舌を巻いた。小説家でもある鈴木重生先生が、確か「あと一歩で小説になるエッセイ」と評したのを記憶している。飯田浩三の書いた文章にはすばらしいものがたくさんあるけれども、「西へ行く切符」がわたしを彼にいっそう近づけたことは間違いない。彼は何かを書いたあと、いつも黙っていたが、他人が感想を述べると、きまって、「いや、あれは作文です」とか「原稿用紙の桝目を埋めただけだよ」と応えるのだった。

　彼との出会いは、一九六七年に始まる。わたしが駒澤大学に着任したとき、彼はすでに昭和女子大学の専任講師をしており、同時に母校である埼玉大学の非常勤講師にもなっていた。あとでわかったことだが、彼は、故竹村猛先生の秘蔵っ子だった。昭和女子大学に奉職したのも、猛さんと親しかった故内藤濯氏が、猛さんに弟子を所望したからに相違ない。一九六七年に縁あってわたしも埼玉大学で非常勤としてお手伝いをすることになり、そこで飯田浩三と初めて面識を得たわけである。翌年、お互いの本務校が地理的に近かったことを口実に、さっそく無理を言って、彼には短期間ながら駒澤まで手伝いに来てもらった。

どういうわけか、意外なことに、中央大学法学部に奉職するようになったのは、わたしの方がわずかに先だった。着任後猛さんに向かってわたしは、「なぜ飯田さんでなくて、ぼくだったのですか」と尋ねたことがある。「まあ、いろいろあってね」と猛さんは体よくはぐらかしたのだが、じつは、慎重な猛さんの頭のなかには、最初から、わたしが法学部で採用されれば、「飯田は安心して採れる」という計算があったのである。僻みなんぞこれっぽっちもなく、そう確信している。

飯田浩三は一九六九年に初めて〈西欧へ行く切符〉を手にしてフランスに留学し、翌一九七〇年の春に帰国した。羽田に着いたとたん、鈴木先生とわたしが待ち構えており、「中央大学に来てほしい」との直談判を開始したときには、事前に予告を受けていたにもかかわらず、彼もかなり当惑したらしい。猛さんは愛弟子の説得などする気がなかったし、自分が出向けば大げさになるだけでなく逆効果になることを百も承知だったのだろう。飯田浩三の説得を鈴木先生とわたしに任せる形をとった。羽田で長時間話し合ったが、彼はあくまでも謙虚に、「請われて招かれるほど価値のある人間ではありません」という主旨で、頑なに固辞し続けた。それまで比較的おとなしくしていたわたしも、しびれを切らして苛々し始め、ついに乱暴にも「竹村猛先生をはじめ三人で頭を下げて来て下さいと言っているのだから、それを断わるのだって失礼ではないですか、いや、その方がもっと失礼だ」と言ってしまった。すると彼は一瞬はっとして下を向き、やがておもむろに面を上げるとじっとわたしを見て、ますます困ったような顔で鈴木先生の方に向き直り、「じゃあ、ゆっくり考えさせて下さい」と、やっと拒絶以外の反応を示したのである。長旅で帰国したばかりの彼の方がはるかに疲れていたはずだが、彼は徹頭徹尾静かで粘り強かった。

「ゆっくり考えた上で」、飯田浩三は結局、中央大学に来ることを選択してくれた。あれから二十年以上、彼とは同じ学部の同僚として身近に過ごしてきたから、わたしたちふたりのあいだにもいろいろなことが起こっている。地方で学会が開かれると連れ立って出発することもあったし、そのほかにも彼や鈴木先生、あるいは鬼頭先生の車に乗せてもらって、何度か小旅行を楽しんだことがある。彼は車の運転が好きで、実際、彼の操作は巧みだった。すばやく滑らかな動き。猛さんは、彼のフォルクスワーゲンの助手席には好んで乗った。一度わたしが「帰りは飯田さんの車に乗りたい」という意味の発言をしてみんなの失笑を買い、彼から「語るに落ちるよ」と窘められた日もあった。

大学の卒業論文に、彼はアルフレッド・ド・ヴィニーを選んだが、「弟子をバルザックから遠ざけた……」と残念そうに述懐した猛さんの晩年の言葉から察するに、彼にもバルザックを研究しようとした時期があったものと推測される。それに、「人間には視覚型と聴覚型があって、そのどちらにも優れているというわけにはいかない。飯田は聴覚型、ぼくは視覚型」というのが猛さんの持論だった。この持論が全面的に正しいかどうか、わたしにはわからない。バルザックが飛び抜けて視覚的に優れた作家であることは認めざるをえないにしても、だからと言って聴覚に優れた人間がバルザック研究に相応しくないとは言い切れないだろう。絵画を音楽に、光を音に変える能力も、その逆の能力もあるではないか。しかし、そんなことはどうでもよい。猛さんの持論の前提が少なくとも前の半分、正しかったとすれば、結語も正しかったと言わざるをえない。飯田浩三は、視覚的にも人並以上であったとわたしは思うが――「西へ行く切符」をお読みになるとよい――確かに聴覚に優れた人だった。もともと大の音楽好きで、学生時代にはコーラス部に入っていたそうだし、わたしは聴かせてもらったことがないけれども、フルートを吹くと自分で言っていた。「息子がチェロを習い始めて……」とためらいがちに打ち明けたときの彼のうれしげな表情を思い出す。できれば音楽家に、演奏家になりたかった、というのが彼の本音だろう。わたしはシャンソンの楽譜や歌い方について、彼に何度も質問をし、その都度教えてもらってきた。酒を飲んだとき、彼はめったに歌おうとしなかったが、一度だけみんなにせがまれてやむなく歌ったことがある。得意のシャンソンではなく、それはディック・ミネの「夜霧のブルース」だった。お仕着せのカラオケ伴奏だったからかも知れないが、あんなに高い音で始めたらあとでどうなるのか心配しながら聴いていると、「夢のスマロか、ホンキューの街か」の部分でみごとに一オクターヴ下げ、しかもその低音がいっそう渋くよく響く美声なので、やんやの喝采を博した。声がよかっただけでなく、音程が正確で音域も広かった。

恩師にバルザックから遠ざけられたのが原因であったとは必ずしも思わない。また、聴覚型、視覚型の議論を彼がただちに全面的に受け容れたかどうかも、わたしは知らない。けれども、ともあれその後の彼は、持ち前の音楽好きをはっきりと再認識して、自らの好みに忠実に、音楽と文学の関係するところ、または音楽を中心としてそこにかかわる文学の研究に的を絞ったように思われる。シムノンの翻訳をしたり、シャルル＝フェルディナン・ラミュの回想記を利用して通信教育用の好個のテクストを編んだり、例文に彼の個性が溢れ出た初級文法のテクストを作ったりしているが、それは別の仕事である。モーツァルトとボーマルシェとか、ドビュッシーとメーテルリンクとかがフランス文学における彼の関心の対象となった。亡くなる前の一年間も、ドビュッシーとその周辺を洗っていたはずである。

けれども彼は、論文めいたものを書くのが嫌いで、なかなかいわゆる「業績」を作ろうとしなかった。その点では、法学部においても《仏語仏文学研究会》においても、自慢できることではないが、彼とわたしは双璧だった。そのために猛さんを初め鈴木先生、鬼頭先生その他の方々をどれほどやきもきさせ、迷惑をかけたかわからない。だが、同い年で出身県も同じという共通点のほかに、恩師や先輩、友人同僚に迷惑をかけたやり口が結果的に同じだったことは、少なくともわたしの側では親近感を増す結果になったのである。ただし、彼の名誉のためにも断っておかねばならない。書かないという結果は同じでも、わたしの場合は文字通り「書けなかった」わけだが、彼の方は「書かなかった」あるいは「書こうとしなかった」のである。それは、彼の生き方というか、ひとつの方針に根ざしていた。その意味では、彼の反応の方が同じ病気にしても質が悪かったと言えるかもしれない。

彼は頑固だったが、その頑固さは自分個人にかかわることに限定されていた。しかも表面は物静かだし、つねに礼儀正しかったから、頑固さがむき出しに現われることはなかった。一度でも彼と話をしたことのある人は気がついているだろう。人の話の腰を折るような振る舞いは絶対にしたことがなかったし、会話のなかで一瞬の沈黙のあと、人と同時に口を開くようなことがあると、必ず「あ、失礼」と言って引き下がるのは彼の方だった。思えばわたしは彼に対して、ずいぶん身勝手に傍若無人に振舞ってきたような気がする。あれは一九七三年か七四年のことだった。当時法学部助教授の長内了と三人で池袋の居酒屋に行き、塩でも入れてあるんじゃないかと思うほどしょっぱい秋田の酒を飲んだとき、飯田浩三が自殺への衝動を語りだした。「毎晩床に就くと、翌朝集合住宅のヴェランダから飛び降りて地面にだらしなくうつ伏せに転がっている自分の姿を想像するんだよ。女房がおろおろし、息子が取りすがって泣き叫ぶ姿が目に見えて……」。いまにして思えば、そのあとに何か文学的な、それとも哲学的な、あるいは感情面でのもっと深い高度な話が続いたのかもしれないが、わたしは彼の想像のリアルさと視覚的な鮮明さに恐れをなすと同時に腹が立ってきて、「やめてくれ。そんな弱々しいことを言う奴は、ほんとうに死んでしまえばいいんだ」と声を荒げて言った。長内了がびっくりしてわたしを見、そのあとすばやく巧みに話題を変えてくれた。それ以来、飯田浩三は二度とわたしに自殺にまつわる話をしなかった。文学のわからない奴だと思ったのかもしれない。のちにわたしを評して半ば冗談に「ヤクザだからね」と彼は言ったことがあるが、わたしのようなヤクザには話しても無駄だと諦めたのかもしれない。

公式の委員会でわたしが普段は敬愛する某教授を怒鳴ってしまったことがある。そのときの某教授の議論があまりに理不尽に思えたからだ。飯田浩三もその委員会に列席していた。議論が理不尽であるかないかにかかわりなく、怒鳴ることがよいわけはない。委員会が終わったあとたちまち、後味の悪さときまり悪さに困惑して、わたしが「またまずいことをしでかしちゃった」と言うと、彼は「いや、髙橋さんがやらなければ、ぼくがやったろう」と応えた。「えっ」と思いながら長身の彼の顔を見上げると、静かに、しかしややいたずらっぽく笑っている。いいや、彼が怒鳴ったりするものですか。「ぼくがやったろう」という台詞は、嘘に決まっていた。しかしそれは、一瞬の共感と思いやりと友情とわずかな批判とで、真っ赤に染まった嘘であった。飯田浩三とはそういう人だった。

彼は落語が好きで、かなり系統的に落語家の芸を検討していたようである。ときどき物真似風に志ん生や円生の噺の枕などを引用することもあった。照れ臭そうに打ち明けたところによると、彼はごく若い頃ひどく吃ったのだそうだ。その吃りの矯正と克服のために落語を聴き、自分でも演じてみた。そしたら多少よくなった。「でも落語の物真似をするときは全然吃らないけど、日常会話ではやっぱり吃る」と言う。「吃っちゃいないじゃないか」とわたしが言うと、「いや、吃るんだよ」と断固として主張する。わたしなどは例え吃っても吃るはずがないと思い込んでいる人間だが、彼は、まるで、吃らないのに吃ると信じているかのようだった。「ところがフランス語をしゃべったときは、不思議なことに全然吃らない」と彼は言う。そう。フランス語の教師なら当然と言われるかもしれないが、彼はフランス語の会話は、発音もきれいで上手だった。少なくともわたしより数段上手だった。一九九〇年にわたしと加賀美鐵雄教授が学生引率でエクス＝アン＝プロヴァンスに行ったとき、たまたまフランスに滞在していた飯田浩三は、前年の経験者としてエクスに手伝いに来てくれたが、受け入れ先の芸達者な院長ブスケ氏の物真似を本人の目の前でやって見せた。フランス語は彼にとって落語を演じて見せるのと同じだったのだろうか。

エクスの先生方や職員に彼はとても愛されていた。学生寮で働いていたオデットおばさんなどは、「イイダが来る」と予告したら大喜びで、実際に再会したときには涙を浮かべていた。今回のわたしの滞仏中に再びエクスを訪ねたいと思いながら果たせないでいるのは、ひとつには自分の仕事に拘束されているからでもあるが、もうひとつは、彼を愛していたブスケ院長を初め先生方に、行けば必ず彼の早過ぎた死を報告し説明もしてやらねばならないからである。それをするのは、いかにも悲しいし、重い。

一九九〇年十一月、「食べ物を呑みこんだとき、何かひっかかるような気がする」ので、彼は予定を変更して検査のためにはやばやと帰国した。わたしは十一月半ば、彼と国分寺駅で待ち合わせ、エクス以来の再会を北海道産の赤葡萄酒で祝った。それが彼と酌み交わす最後の葡萄酒になろうとは、夢にも思わなかった。

十二月に食道潰瘍の切除手術を受けた彼は、年明けて順調に快方に向かっているように見えた。しかし、わたしに対しては、とりわけ大丈夫そうに振舞った形跡があると思われる。九一年度に特別研究期間の許可をもらっていたわたしに、予定の変更をさせまいと気を使ったに違いない。三月十一日、出発の挨拶をしに東大病院に寄ると、彼は翌日に予定されていた法学部フランス語教員の打ち合わせ会に「出席する」とまで言い出した。もちろん彼は出席しなかったけれども……。「じゃあ、行ってくる。五月に一度帰って来るから、そのときは大学で会えるね」。そういって握手して別れたのが最後だった。

わたしは予定を変更しなかった。「飯田先生が危篤状態だから、覚悟して帰って来て。間に合わないこともあり得る。それほど悪いらしい」と妻から電話を受け、北極側の薄明りのなかに彼の顔がひょっとして見えるのではないかとハラハラしながら、シベリアの空を飛んだ。そして帰国したとき、彼はすでにお棺のなかに横たわっていたのだ。

葬式の日、東京藝大の斎藤一郎教授と竹村猛夫人の光子さんが、焼香を終えてわたしの傍に来てくれた。「いま頃、あの世で、『こんなに早く来る馬鹿がいるか、帰れ』って、猛さんに言われているだろう」と、斎藤氏が言った。光子夫人は、涙を抑えながら頷いていらした。

五月の末、わたしは再びパリに戻った。悪夢のような五月だったが、確かにわたしは飯田浩三の死顔をこの目で見、そのまだ温かそうな額に触れて来たのだった。ところが彼がもうこの世にいないなどとは、とても思えない。八月に飯田和代夫人から手紙をいただいたとき、その封筒の表書きの横文字があまりに彼の筆跡に似ているので、はっとした。彼の死と彼の不在は、帰国後に日が経つにつれてもっと大きく、もっと重くなってゆくだろう。木下杢太郎が好きだった彼と、三好達治の話をしたことはないが、近頃しきりに思い出すのは、「艸千里浜」を詠った達治の詩である。しかも次の一節をとくに思い出す。

…………

うつつなき眺めなるかな
しかはあれ
若き日のわれののぞみと
はたとせの月日と　友と
われをおきていづちゆきけむ
そのかみの思はれ人と
ゆく春のこの曇り日や
われひとり齢かたむき
はるばると旅をまた来つ

…………

彼はヴォルテージの高い文章と、こういう虎の威を借りる書き方が嫌いだったから、いずれあの世で会ったとき、わたしに文句を言うに違いない。しかし、そのときはそれこそヤクザよろしく開き直って、論点が違うのは承知の上で、あまりにも早く去って行ったことへの恨みつらみをぶちまけてやる。ここ数年間に、肉親だけでなく親しい師や先輩・友人を続々と失ってきた。飯田さん、きみのはまさしく、とどめの一撃だった。

これから、ことある毎に、「ねえ、きみならどうする?」と、わたしは飯田浩三に問いかけることになるだろう。もはやけっして歳をとらなくなったあの静かな顔に向かって。

いま一度合掌。

（一九九一年十月記、パリにて。一九九二年二月発行の『仏語仏文学研究』第二十四号に掲載）

六　「丸圭さん」を悼む

丸山圭三郎（一九三三〜一九九三）

　丸山圭三郎さんが突然姿を消してから、早くも一年と三か月が経とうとしている。昨年の九月、大学で彼の逝去を知らされて愕然とし、そのあと新聞の訃報欄でも確認したものの、ご本人の遺志により友人や知人の会葬する葬儀は行われなかったから、わたしは彼とのお別れをしていない。お線香一本、花一輪、捧げたことがない。亡くなられる五年ほど前に一度体調を崩されたとの噂を聞いたが、お見舞いにも伺わなかった。その後快復なさってから、一九九一年にわたしは「特別研究期間」制度を利用して一年間パリに滞在していた。翌年わたしが帰国すると、今度は丸圭さんが同じ制度を利用なさったので、彼とはもうずいぶん長いことお会いする機会がなくなっていた。時折、おそらくわたしにも理解できそうだと判断なさった場合だろうと思うが、新著や訳書を贈って下さったし、雑誌や新聞で健筆を振るっておられるのをわたしは遠くから仰ぎ見ていた。「たまにはまたお会いしたいな」と思いながら、ひとつには遠慮もあってそれが実現しなかった。彼にはわたしなどに会っている暇が、もうなかったに違いない。昔と違って、それほど彼は忙しかったのである。いまにして思えば、遠くからでも何かそういう鬼気迫るものが、仕事ぶりにも内容にも感じられた。

丸圭さんが国際基督教大学から中央大学のフランス文学科に着任されたのは、一九七一年のことだから、確か福井芳男先生が中央大学をおやめになった直後だと思う。以前からNHKでフランス語ラジオ講座やテレビ講座を担当しておられたので、その歯切れのよい語り口とハンサムでスマートなダンディーぶりを知らぬものは、少なくともフランス文学界にはひとりとしていなかったはずである。

東大仏文科からは、一定の世代毎に優秀な学者が多数まとまって輩出する傾向があるが、丸圭さんの世代も多士済々であった。おそらくお互いに良い意味でのライヴァル意識が働いて、切磋琢磨した成果が現れるのだろう。中央大学に移られたときの丸圭さんは、構造主義言語学の旗手として同世代の研究者のなかでもひときわ眩しい存在であり、すでにソシュールの研究にとりかかっておられ、わたしなどにはとても近づけない偉い学者に見えた。とにかく、颯爽としていた。彼の研究内容については、わたしはとうとうまともに話をしてもらったことがないような気がしている。

最初の数年間は、わが「仏語仏文学研究会」の会合でお会いしてお話を伺ったり、懇親会などの酒席で一緒に楽しく歓談する機会をえた程度で、あとは彼がその当時、とくに福井芳男先生との共著で続々と出版していた新機軸・新工夫のフランス語教科書を後輩として検討し、フランス語の構造を効率よく把握させることを主眼とする彼の方法に賛同して、何点かその種のテクストを使用していたにすぎなかった。ところが、一九七九年度に学生部委員を一緒に務めたのをきっかけに、その後しばらくずいぶんと親しくつきあっていただく幸運をえたのである。

その年の学生部長は文学部の平城照介教授で、丸圭さんが代行を務められた。駿河台から多摩に移転を完了する最後の年にあたり、駿河台担当もいたから学生部委員の数が例年より多かった時代である。文学部からはほかに熊田陽一郎、福田宏年、桑原寛樹の三先生が参加していた。「自治会再建運動」が最後の高まりと断末魔とも言うべきもがきを見せ、「白門祭実行委員会」も学生運動のセクト間の争いで大もめにもめ、加えて授業料の値上げが決定されたために機動隊の近接警備のもとで学年末試験を行った波乱の年だった。

学生部の仕事が好きな人は、まずいないであろう。ただでさえ「同じ釜の飯を食う」という感覚があるうえに連日徹底的に時間を拘束されれば、その苦労の解消法を個人的にもグループとしても、自ずと見出さざるをえない。たとえお互いには迷惑だったにしても長時間一緒にいたおかげで、学生部長と代行を中心に、あのときは期せずして、どこまでが学生部の仕事でどこからが芸術や文化の話だかわからないような、ある種の団欒が生まれたように思う。もちろんこれには、真っ先に学生部長のお人柄と、学識と機知に富む福田宏年氏と熊田陽一郎氏の力も大いに働いていたのだが、わたしにとってはフランス文学の大先輩である丸圭さんの存在が大きかった。

その春、丸圭さんは一年間の在外研究を終えて帰国したばかりだった。帰国早々学生部長代行に任じられて、はじめは戸惑っておられたに違いない。パリとジュネーヴの町並みが残像としてまだはっきりと目に映っていたであろうし、ソシュールをめぐる在外研究の成果をまとめることに時間をかけたいと思っていたであろう。はじめて学生部委員会に現われたときの丸圭さんの姿がいま、まざまざと思い浮かぶ。薄紫色の背広に端正な顔立ちがいっそう映えて、「水も滴る」という表現はこういうのかと思ったものだ。あとで「そのスーツはロンドン仕立てですか、パリですか」とたずねたら、小声で「パリ」と答えた。淡い色とはいえ紫を着こなせる男性をわたしはほかに知らない。しかし、持ち前の鋭い感覚で何かを感じとったのか、わたしの知る限り彼は二度とその背広を中央大学には着てこなかったようである。

人生を「楽しみましょう」と言ったのはアルベール・カミュである。丸圭さんはご自分が楽しむことも上手だったが、人を楽しませる才能にも恵まれていた。いや、恵まれていたと言うのは失礼かも知れない。サービス精神のなせるわざだったとも思われるからだ。いずれにせよ、頭脳明晰を示す巧みな会話とエスプリで人をそらさない。歌はうまいし、ゲームだっておそらく何でもござれだったろう。わたしは彼と麻雀を一回、ブロットを数回やったことがある。どちらも大変上手だった。歌にいたっては玄人はだしで、中央大学の文学部には芸達者が大勢いるようだが、とくにシャンソンを原語で歌わせたら彼の右に出るものはいないと断言できる。八王子の小さなステージ・カラオケで聞かせてくれたダミアの「暗い日曜日」と「人の気も知らないで」は、文字どおり絶品というほかはなかった。じつに多芸多才の「プランス・シャルマン」であった。言葉遣いは丁寧そのもの。あまりの礼儀正しさがときに慇懃無礼を感じさせることもないではなかったが、それはその反応を引き出した側の能力や状況に関係があったとも考えられる。

「食生活だけではない、性生活も文化のうちでしょう」。あるとき彼はこう言ってフランス小説に表れた恋愛と性描写について論じたことがある。そして最後に、「わたしが言語学の方に向かったのはそんなに古いことではありません。修士の大学院の頃まではむしろ文学青年で、ジュリアン・グリーンが大好きでした。小説を書くつもりだったこともありますし」、と回想した。学部の卒論には、そのジュリアン・グリーンを選んだはずである。

しかし、丸圭さんの教養は、必ずしも欧米の側にのみ深かったわけではない。彼は知る人ぞ知る『百人一首』の名手だった。『百人一首』のふだの取り合いには、恐るべき記憶力と精神・肉体両面での類稀な敏捷さが要求される。そのためにはふだんから訓練も積んでいなければならない。彼は、日本古来のこの緊張度の高いゲームを好み、日本選手権を争うほどの実力をもっていたようだ。

あるとき学生部仲間で少し飲んだあと、丸圭さんのお宅に何人かでお邪魔したことがある。彼の書斎でブランデーを御馳走になりながら歓談するうちにわたしはかなり酔ってしまった。時間も遅くなったので勧められるまま、お言葉に甘えてわたしだけ泊めていただいたのだが、そのとき寝室として提供して下さった部屋は、二階にある広くて立派な座敷だった。やはり学者であったと聞く父上の肖像写真が、長押の上の壁から穏やかに見おろしていた。一二畳の座敷だったのだろうか。大きな家具はそこに置いてなかったから、いっそう広く感じたのかも知れない。「ずいぶん広い部屋ですね」。翌朝わたしが感想を述べると、丸圭さんは「『百人一首』の会場に使う広い部屋が必要なんで、そのために家全体もこういう設計になってしまいました」と答えた。わたしが一夜の眠りをむさぼったあの部屋は、朗々と和歌を詠ずる声が響き、和服の袖がひるがえって、ときにはふだが飛ぶことさえある厳粛な勝負と訓練の部屋だったのである。

雑談を重ねてゆくあいだにも、わたしは彼からおもしろい話をたくさん聞いた。主としてそれは、ご本人の体験と観察にもとづく話だったが、当然のこととして、話題がそれぞれの師匠や友人・先輩、あるいはフランス文学界で優れた業績を残した人物とその仕事ぶりなどに及ぶこともあった。

これはその後ほかの先輩からも聞いた有名な話であるが、いまから三十年以上も前のこと、九州で仏文学会が開かれた際、学会が東京から飛行機の便を手配したので、若手の研究者たちはそろって空路現地に向かった。ところがフランス文学の大御所辰野隆先生は飛行機には乗らず、夜行の寝台車を利用してひとりで九州に到着した。福岡で教え子が大先生に言う。「ぼくらは飛行機で来ましたが、先生は、おひとりの長旅でさぞお疲れだったことでしょう。第一、ひどく退屈なさったのではありませんか?」すると辰野大先生、曰く。「いや、きみたちの飛行機が落ちたら、後任に誰を選ぶか考えていたので、全然退屈なんかする暇がなかったよ」。この笑い話は、辰野隆の性格とそのエスプリを窺わせると同時に、師匠が、まるで将棋の駒を動かすかのように、弟子の赴任先を決めていた時代があったことを証拠立てるものである。丸圭さんがこのエピソードをわたしに紹介したのも、大学の人事の決め方をめぐる意見交換のなかであったと、記憶している。

わたしも親しくしていただいた故竹村猛さんを、丸圭さんは尊敬していたらしい。やはり九州で学会が開催された折、たぶん一九七〇年代の初めだと思うが、丸圭さんは福岡で友人仲間との会合に出席し、そのあとみんなで豪遊をしたそうである。どんな種類の豪遊かは聞かなかったが、とにかく相当多額の金を請求され、仲間全員の持ち金をはたいても払いきれなくなってしまった。悪友仲間のひとりが、その日同じ街に猛先生が滞在しておられるのを知っており、猛さんから借金するかたちの金策できり抜けようと提案した。ほかに方法はなかった。「ひどい話で、みんなはわたしにおまえが頭下げて頼んでこいって言うんですよ。しかたなく竹村先生のおられるホテルに行ってお願いしました」。猛さんは丸圭さんの頼みに苦笑したが、即座に多額の数字を書き入れた小切手を切ってくれたそうである。「竹村先生は流石です。おかげで助かりました」。丸圭さんの口からこの話を聞いたとき、わたしは、ホテルの机に向かって小切手を用意する猛さんと、そばで神妙に待つ丸圭さんの姿を想像して、しばし笑いがとまらなかった。

やはり学生部時代の仲間の先生方と、ある店で飲んだとき、強烈な臭いだが大変に味の良いくさやの干物を一緒に食したことがあった。もちろん丸圭さんもその味をほめたが、わたしがあまりにほめたせいか、店の女将さんは帰りがけに二匹ほどお土産にもたせてくれた。わたしはくさやを鞄のなかに入れたまま、翌日の昼過ぎまですっかり失念していた。そのために鞄のなかの本にも鞄そのものにも、強烈な臭いがしみこんでしまい、その後しばらく電車のなかなどで他人の視線に少々苦しむ羽目になった。

この事件をよく覚えておられた丸圭さんは、一九八一年のわたしのパリ滞在中に、学生指導のためディジョンに赴く途中、ダロー街のわたしたちのアパルトマンに寄ってくれて、そのとき、何と日本からわたしの好物のくさやを何匹も持参して下さったのである。しかし流石は、丸圭さんであった。そのくさやは真空パックの新製品で、臭いが全然外に洩れないどころかすでに火を通してあるので、袋を破るだけでそのまま食べることのできるものだった。その昔パリでくさやを焼いたために住人たちの顰蹙を買い、とうとうアパルトマンから追い出された日本人の話を、わたしたちは何度も耳にしている。「ちょっと時間をかけて探したんですよ。こういうくさやがあることを知ってましたか？」と丸圭さん。もちろんわたしは知らなかった。その晩、わたしたちはとっておきの日本酒を開けて、丸圭さんのおもたせのくさやに舌鼓を打った。

一九七八年の在外研究のときだと記憶しているが、丸圭さんはご家族と一緒にパリ一三区のスクァール・ポール＝ロワイヤルに住んだ。きっとその思い出もあったのだろう、その後パリに行くときはたいていポール＝ロワイヤル大通りの某ホテルを定宿にしていた。そのホテルからさほど遠くないゴブランのレストランで、妻とわたしはたんぽぽのサラダとグルヌイユ（蛙）にはじまる豪勢な夕食をふるまっていただいたことがある。食卓で丸圭さんは、数年前ポール＝ロワイヤルのアパルトマンですごした頃の出来事を話してくれた。丸山夫妻が借りたアパルトマンの階上の住人には夜中に部屋のなかを歩き回る癖があり、深夜、はめ木の床を踏むコツコツという靴音が階下にもろに響いてきた。丸圭さん夫妻はこの音に悩まされ不眠の夜がつづいた。直接会ってお願いしようか。手紙を書こうか。いや、どちらも芸がなさすぎる。そこで彼は、靴音の解消のために持ち前のエスプリを発揮して、柔らかいクッション底の最高級のスリッパを買い求め、まだ見ず知らずであった階上の隣人に贈り物としたのである。「それ以来、夜中に靴音に悩まされることがなくなりました。効果覿面だったわけです。もっとも、少々高くつきましたけどね。安眠を確保するためなら、高いなどと言っておられません」。この解決法こそ、まさしく丸圭流エスプリの面目躍如たる反応であった。

学生部委員を務めたあの多忙な時期に、丸圭さんはわたしに何度か述懐した。「自分が所属する中央大学に奉仕する方法は、ひとつではない。いろいろとあるはずです。学生部の仕事や行政の職務があることは事実ですし、それを否定しません。けれどもそうは言い条、学者・研究者・教育者としては別の奉仕の仕方があるのですから、わたしは学問的な業績をつくってゆくと同時に、そのことが学問研究のうえで世界に通ずる仕事になるようにして、中央大学の名を高めたい。わたしとしてはそちらの方で奉仕したいと思っているんです」。これにはわたしも同感だった。

その後の彼は着々と仕事の成果を積み上げてゆき、わたしに予告したとおり、その方針を貫きつつあったのだと思う。いや、右に紹介した彼の言は、あくまでも学生部時代の言であって、その後の彼の射程はもっと遥かな遠いものとなり、それこそ、ご自分の仕事のなかでは「個別中央大学」のことを考える必要がなくなっていたであろう。彼の仕事の方が「個別中央大学」を、ほかのものと一緒に大きく包み込んでいったからである。フランス文学者としての、言語学者、思想家、言語哲学者としての丸山圭三郎さんを学問の次元で語ることは、わたしの任ではないし、またもとよりその能力をもちあわせてもいない。けれども、親しくつきあっていただいた数年間に彼が与えてくれたものを推し量ると、彼とともに冥界に持ち去られたものの大きさを嘆かずにはいられない。あとは残されたわたしたちが彼の遺してくれた著作をどう生かし、どう吸収し、自分たちがどんな仕事をするかであろう。

まだお元気の頃、彼はこんなことを口にして笑っておられた。「学習院の大久保（輝臣教授）さんも言っていましたが、もうあきらめました。癌になってもいいから、煙草も酒もやめないことにします」。彼がほんとうに最後まで煙草も酒もやめなかったかどうか、わたしにはいまは知る由もない。だが、哲学者、丸圭さんが若いときから異常なほど死を見続けていたこと、そしてとくに最後の数年間、死を強く意識されていたことは、どうやら確かであるとわたしは推測している。人生を「楽しみましょう」というカミュに通じる姿勢は、その強い死の意識と無関係ではなかっただろう。

ありがとう、丸圭さん。早すぎた逝去に万感の恨みと感謝をこめ、いまあらためて敬愛するあなたのご冥福を祈る。合掌。

（一九九四年十二月記、一九九五年三月発行の『仏語仏文学研究』第十二号に掲載）

七　われらが篠原洋一君を悼む

篠原洋一（一九三四～一九九六）

こんな形であなたからふいに別れを告げられるとは、思ってもいませんでした。お互いに忙しく、しばらく会えずにいるあいだ、その後のあなたの健康状態は、生来の慎重さから、定期的に診てもらっているおかげで、ひとまず心配ないと思っていたのです。しかし、若いときからあなたの仕事ぶりは徹底していました。ひとたび計画を立てると、しかもその計画は、何台ものラジオや電蓄やステレオを自分の手で組み立てたときと同じように綿密を極めており、あなたはその方針を貫いて、とことんエネルギーを投入するのでした。自分のやり方に自信をもっているだけでなく、できの良い仕事を愛する職人肌の、いや、かつてあなたが学部と大学院で研究対象に選んだフランスの小説家、フロベールにも似た芸術家肌の人でした。だからひょっとすると仕事のし過ぎ、過労の蓄積によるのではないかと、この早すぎた訣別が残念でなりません。ぼくらもそうですけれども、奥さまやお嬢さまたちの悲しみはいかばかりかと、拝察申し上げます。

想い起こすと、すでに約四十年の昔、ぼくらが学習院大学のフランス文学科に入学したとき、篠原、あなたはぼくらにとってすでにみんなの兄貴分的存在でありました。六〇年安保世代のぼくらのなかには、やがてある時期、ほとんどの時間を平和運動や学生運動に注ぎ込んだ者もいました。そういう、いきりたっていた何人かのぼくらに、あなたはつねに、きわめて冷静に、適切な助言を与えてくれたのです。無謀な行動を慎むようにと、ときには皮肉をこめて、毎日デモや討論と、空しい総括の会合に明け暮れている友人に対しては、芸術や文学を学び、学生運動とは別種の、しかし同じくらい深く生死にかかわる問題を追究するために、ぼくらはこの学部に来たのではなかったのかと詰問し、この点を強調し、つねにそのことを思い出させる役割を果たしてくれたのは、あなただったように思います。あなたは、クラシック音楽にも造詣が深く、また歌もうまかった。放課後の教室で歌ってくれた「平城山」や「中国地方の子守歌」の、あの澄んだテノールの声を、いま思い出しています。

われら同期の男どもが中心になって、サミュエル・ベケットの『ゴドーを待ちながら』の芝居を上演したとき、あなたは役者も演出も舞台監督もやらなかったけれども、パンフレットの作成には早くも敏腕を発揮したうえに、計画から稽古と上演に至るいっさいの行動をぼくらと共にして、その都度貴重な助言と批評を述べ、しかもあらゆる面に気を配って仲間の潤滑油となり、控え目ながらも結果的には全体を統括し、いわば影の総監督を務めてくれました。仲間のそれぞれの個性と長所・短所を、あなたほどすばやく見抜いていた者は、ほかにいないだろうと思います。あなたは、ときに鋭く厳しい苦言を呈したけれども、そこには必ずユーモアを漂わせ、いつでも、友人の取り柄を尊重して、それを活かす方向でぼくらを助けてくれたのだと断言できます。

学部卒業後、あなたは大学院に入り、博士課程にも進んでフランス文学の研究・教育者として歩み始めましたが、同時に〈婦人画報社〉で編集の手伝いを開始していました。けれども『徳島新聞』の主幹を務めておられた父上が亡くなられてしばらくしてから、あなたは突然、大学院を辞め、出版と編集の仕事に専念する決心をしました。惜しがる師匠や友人たちの意見には、「もう決めた。ぼくとしても残念だが、しょうがないのだ」とだけ応えました。そしてフランス文学の研究者として準備したリトレの大辞典やキエの事典を、いまだその種の辞典類を買うことのできなかった仲間のひとりに惜しげもなく与えたのです。その仲間は、古いバルザック全集まであなたからもらいうけました。おかげでぼくはいま、フランス文学者の端くれになっています。

あなたが〈婦人画報社〉でその才能を発揮するようになってからのことは、いまさらぼくが敢えて話すまでもありますまい。しかしぼくらのうちで、何らかの理由で当時あまり生活力のなかった者の何人かは、あなたの友情のおかげでいろいろな仕事を紹介してもらい、ある意味では育てられてさえいます。文章を書くこと、翻訳の技術、校正や編集、紙面の割り付け、キャプションの付け方まで、あなたは友を傷つけることなく、それとなく教えてくれました。それも、「この面ではお前の能力を買っているのだ」と感じさせ、自信を持たせてくれました。

昔と違って最近は一緒に酒を飲むことがなかったけれども、以前はずいぶん飲みながら語り合ったものです。一緒に山登りをした若かった日々や、ともに旅をした同窓会の景色を甦らせながら、ぼくらは果てしなく、あまりにもあっけなく早く去って行ったあなたのことをいつまでも語り続けるでしょう。早晩いずれまた会える日が来るでしょうが、それまで、どうかあなたの愛する奥さまとお嬢さまたちを見守るだけでなく、ぼくらにもあなたの友情の火を灯しておいてください。心から、ご冥福を祈ります。ありがとう。合掌。

一九九六年六月六日

（この原稿は、告別式で読み上げるために起草したものだが、都合により割愛されたので、未発表となった。ただし、ご遺族の手で墓前に捧げられている）

八　シラケン先生

白井健三郎（一九一七〜九八）

シラケン先生は、一九五三年まで慶應義塾大学経済学部の助教授であったが、力衛さんの要請に応じて、五四年から学習院の助教授に着任、六一年に旧友福永武彦と一緒に教授に昇任した。学生からも「シラケン」と呼ばれて愛されたサルトルの研究家は、旧制第一高等学校では理科甲類で、第二外国語はドイツ語履修だったが、加藤周一や福永武彦、中村真一郎と同期で、文学に関心を寄せ始め、フランス語の授業に潜り込んで、勝手に履修し、ボードレールやランボーを読むかたわら、一高の文芸部で創作活動も開始して、詩や前衛的な中・短編小説も書いた。法政大学教授だった故古田幸男氏は、『彷徨の祝祭　白井健三郎古稀記念』掲載の「蜜柑

頬ばり　石打てど」と題するエッセイで、「空と海とは青ばかり」のルフランで有名な絶唱ソネットを紹介して、精緻な哲学論を展開するシラケンが、本質的には詩人であったことを強調している。

無為のときには海へ行かう
悲しいときには海へ行かう
波の戯言《ざれごと》　潮の香に
ゆるゆるゆると　時流さう

無為のときには海へ行かう
悲しいときには海へ行かう
碧い穹窿《まるやね》　ちぎれた雲に
ゆるゆるゆると　眼を洗はう

登る坂路　なごめつつ
駄馬　とほく行去れば

空と海とは青ばかり
空と海とは青ばかり
蜜柑　頬ばり　石打てど
空と海とは青ばかり

この詩には「少年の日の数限りもない予感とそれ故のアンニュイ」がこもっていると、橋川文三が言ったそうだし、作者の親友であり、よき理解者でもある詩人の宗左近は、シラケンこそは、立原道造の「透き通っている」天体感覚を唯一受け継ぐものだと評している。このあとシラケン先生は、東大文学部の仏文科に進み、「マチネ・ポエティク」のグループに加わって、ボードレールやランボーにかんする優れた論説を残し、「プルーストにおける自我」のタイトルで卒業論文を書いた。

わたしが入学したときの白井先生は、サルトルの『文学とは何か』やカミュの戯曲『正義の人々』などの翻訳をすでに出版し、授業ではさっそうと『存在と無』の解説をし、演習ではモーリス・ブランショをテキストに選んだりしていた。その後の彼の講義題目の歴史を見ても、翻訳や論文の対象となった作品を見てもわかることだが、持ち前の並々ならぬ知的好奇心は一定期間ある場所にとどまってはいるものの、けっしてそのまま定着することはなく、つねに新しい対象に向かって、それも時代の最先端の思想に向かって移ってゆく。わが師匠ながら、これほど研究対象が進展してゆく仏文学者を、わたしはほかに知らない。あるとき彼はわたしに言った。「おい、高橋、一九三〇年代と人民戦線もいいが、ミシェル・フーコーやジャック・デリダなど、新しいところも読まなきゃだめだぞ」。しかしわたしにはそれほど手が回らなかった。次々と新しいものも読んでゆく先生をそばで見ていたわたしは、いつも、溢れるような生命の躍動を感じたものである。生命とは絶えず前進すること、いままでの自分を乗り越えて、これまでとは違う存在に変貌することであると教えてくれたのは、まさしく白井健三郎先生であったと思う。おそらく彼のすばらしさは、純金の心と逞しい好奇心とつねに前進する意欲とを持ち続けたその生き方にあったのだろう。彼のことを想うと、心筋梗塞の発作で大宮の赤十字病院に入院し、ベッドに縛り付けられる状態になったとき、見舞いに行ったわたしと佐伯隆幸に向かって、「こんなんじゃ、生きてるうちに入らないよ」と吐き捨てるように言った声が、いまでも耳に聞こえてくるような気がする。

シラケンは麻雀が大好きで、友人や教え子たちを集めては楽しんでいた。ときには集まりすぎて、交替してゲームから離れ、順番を待たねばならないことがあったが、先生はそんなときも少しのあいだでも、仕事をしていた。じつに切り替えの速い人であった。麻雀の腕は、わたしたちとさして変わらなかったが、体力があったのか、みんなが疲れて来てから本領を発揮し、明け方になると勝ち始めるので、わたしたちは「明烏のシラケン」と名付けて揶揄ったものだ。そして「俺は麻雀をしながら死にたい」などとつぶやくので、わたしたちは「よしてよ、先生、そのときはぼくらのほうが絶対に先に死んでるよ」と言い返していた。実際にわたしは、先生と麻雀をしながら、ぼくらがみんな死んでしまっているのにシラケンだけが一人で雀卓に座り、牌をこねながら「ほら、お前らしっかりしろよ」と言っている場面を何度も想像したものである。

シラケンさんは、二児の父として奥さまとともに学習院教員住宅に暮らし、逞しい研究生活を送っているさなか、シャンソン歌手の小海智子さんと出会い、大恋愛の末、家を飛び出し智子さんと愛の巣を営んだ。六〇年安保闘争の真只中に、ふたりのあいだには男の子が生まれた。正式に離婚が成立するまでには大変なご苦労があったことを、当時大学院の学生だったわたしもつぶさに知っている。都立大の川俣晃自先生は、その昔読書会で一緒だった後輩のシラケンが恋愛沙汰を理由にだれかに批判・酷評されるのを耳にしたらしく、いたく心配されて、「大丈夫なのかな、シラケンは？」とわたしに尋ねたことがあった。「かなり大変のようですが、おふたりで頑張っておられます」と答えると、「まあ、幸せなんだろう、永遠の青年だからね」と懐かしそうにおっしゃった。川俣先生ご自身も恋愛至上主義者と言ってもよいような方だったから、この反応は、若き日の友情に発する気持ちだけではなかったのであろうと、わたしは推測している。

周囲の反対をものともせずに愛を貫いたとはいえ、たまにはふたりのあいだにかなり激しい意見衝突もあったらしい。エネルギーの限り激しく生きることを選んだおふたりだったから、燃える愛の勢いに比例して、衝突のし方も互いに妥協を許さず、厳しいものになりがちだったようだ。麻雀で遅くなり友人たちとお宅に泊めていただいたとき、明け方に激しい言い争いが起きてびっくりしたことがあるが、あの争いの原因は、わたしたちの存在そのものにあったのかもしれない。いずれにせよ、智子さんのほうも一歩も退かないどころか、ときには鉄拳をふるって、シラケンの眼鏡を真二つに割ったこともあった。その事件の日にシラケン先生は、割れた眼鏡を持ったままわたしの家に現れたので、ひとまずお泊めしたのだった。

もちろん、わたしが先生に助けられたこともある。

教職に就いて以来、わたしは学習院フランス文学科の諸先生方、とりわけ山﨑先生とシラケンの推薦のおかげで、母校で非常勤講師に採用していただき、フランス留学や在外研究の年度を除いて、つねにフランス語講師として教壇に立つことができた。その間、山﨑先生はご自分の個人研究室の使用をわたしに許可してくださったので、空いている時間にはそこで読書や調べ物をしたのである。あるとき、わたしが担当した第二外国語の初級講読の単位が取得できないと知って、ひとりの女子学生が面会を申し込んできたので、わたしは山﨑先生の個人研究室でその学生と面会した。彼女は、一般に講読よりも厳しいとされている文法の単位も落としているから、当時の学習院大学の制度では、翌年度に二年生になれても翌々年度に三年に進級できないことがわかったのだ。そこでわたしに、成績を変更して合格点をくれと要求しにきた。「そんなことはできない」と応えると、彼女は「このままだと親に勘当される」と言って、しくしく泣きだした。そのとき、閉めてあったドアが突然ノックされ、間髪を入れずに「おい、山﨑君、いるかい？」の声とともにシラケン先生がドアを開けたのである。彼が目にした光景は、テーブルをはさんで泣いている女子学生と対峙しているわたしの姿だったから、いきなり「おい髙橋、何をしたんだ？」と大声を出した。わたしはとっさにシラケンが立てた仮説を察知して、思わず「違うよ、先生」というと、先生は「何が違うんだ！」と問い詰める。

わたしが事情を説明すると先生は、今度は女子学生に向かって「勉強しなかった自分が悪いのだから、それはもう勘当されなさい」と説得をはじめ、わたしに対しては「髙橋君、君はもういい、この話は専任教員のぼくが引き受ける」というので、後をシラケンに託して、わたしは部屋から出てしまった。彼女が白井先生の前でもっと激しく泣いて見せたかどうか知らないが、間違いなく五年をかけて卒業していったことは確かであると思う。

シラケン先生が大宮の赤十字病院で永眠されたのは、一九九八年の二月十三日であった。この時期にわたしは、中央大学で入試管理の任に当たっていたので、先生の通夜にも告別式にも参列できなかった。のちに学習院大学フランス文学科の主催で、同年三月七日に学習院の同窓会館において「故白井健三郎先生とのお別れ会」が開催されたとき、葬儀委員長にあたる佐伯隆幸から、わたしは急遽進行係の大役を依頼されて、お引き受けすることになった。

本来ならば中条省平氏が務めるはずであった名誉ある仕事である。加藤周一、菅野昭正、細田直孝各氏をはじめとするフランス文学や思想研究界の方々の弔辞のあとで、この拙文の冒頭に掲げた「青ばかり」のソネットを、教え子で詩人の吉田加南子が朗誦した。あの声の響きはいまも耳に残っている。

わたしの学部卒論の指導教授は、シラケンと福永さんであった。

（二〇一六年七月記）

九　「茂久《モキュー》さん」を悼む

小川茂久（一九二六～一九九八）

一九九八年の二月から三月上旬にかけて、わたしは所属する大学で入学試験管理の責任者に任ぜられていたので、ほとんど連日のように大学内に宿泊しており、めったに家に帰ることができなかった。そんななかで、これまで親しくしていただいた恩師、「シラケン」こと白井健三郎氏と、先輩学兄、小川茂久氏の訃報を立て続けに受けとった。茂久《モキュー》さんの逝去を知らせてくれたのは、小副川明氏である。職務上、大学を離れるわけにゆかなかったのだが、事務局に何とか調整してもらって、三月三日の夕刻、川越の蓮馨寺に伺い、通夜の会に参加することができた。葬儀委員長を務められた明治大学の大野順一教授が茂久さんとの友情の最後の日々を切々と語られて、ノートに記されていた「死者は生者を煩わせてはいけない」との遺書を紹介してくださったとき、茂久さんのお人柄に改めて感動するとともに、これまでわたしが生者の茂久さんをいかに煩わせてきたかを思い知らされて、どうしようもない悲しみと悔恨ともどかしさを覚えた。それは、いまもなお続いている。献花を終えたあと、約二年ぶりなのにこれを最後とお会いしたお顔は、静かな笑みをたたえているかのように見えた。

茂久さんは、わたしが着任した一九六九年よりかなり前から中央大学の兼任講師をしていたので、職種のみならず職場においてもわたしの大先輩であった。初めて彼と酒席をともにしたのは、故竹村猛さんと一緒にお茶の水駅近くの天ぷら屋に行ったときだと思う。茂久さんと猛さんは年齢が一回り違うのだが、どちらも寅歳でウマが合うらしく、ふたりとも神保町から「小川町界隈」のあらゆる店に一緒に出入りして、楽しんでおられた。ほかにもこの界隈の顔というべき酒豪の文人や粋人は当時たくさんおられたけれども、まちがいなくこのおふたりもそのメンバーとして欠かせない方々だった。わたしは猛さんや、ときに故谷長茂氏に案内されるままに、彼らの行きつけの店で茂久さんとも同席して、幼年時代の遊び場であった駿河台の土地で教師として働き、いまでものびのびと楽しんでいる粋な江戸っ子の姿を間近に見ていたものである。とりわけ、いかにもおもしろそうに呵々大笑する茂久さんの笑い方と、二枚のもりそばをうまそうにすばやく平らげる仕草には、江戸川の東から上京したわたしから見ると、羨望と好奇心をそそる風情があった。あのようなそばの食い方は、噺家の演技でしか見たことがなかった。多少なりともわたしが神田界隈の知識をえて、探索のまねごとができるようになったのは、じつは猛さん、谷さん、そして茂久さんのおかげであった。

猛さんとのつき合いが深かったせいで、茂久さんは、中央大学法学部のフランス語のスタッフとも親しくしてくれたばかりか、わたしたちのわがままな注文をいろいろと聞いてくれもした。なかでもわたしは、二度にわたる留学ないし在外研究の折に、帰国後に担当する授業のいくつかを茂久さんに引き受けていただいた。わたしたちが猛さんや鈴木重生さんを囲んで箱根あたりに一～二泊の旅を計画すると、彼は都合のつく限り必ず参加してくれたので、わたしには彼との旅の思い出がたくさん遺っている。湯河原の宿でまだ若かったわたしが猛さんに反抗して屁理屈をこねたとき、茂久さんはしばらく黙って見ていたが、やがて堪忍袋の緒が切れたに違いない。突然「どうしておまえは、猛先生の気持ちがわからんのか！」と大声でわたしをどなりつけた。わたしはその恐ろしい剣幕にしゅんとなってしまったが、この一件以来、茂久さんはわたしにとってそれまでにも増して敬愛する兄貴となり、一九八三年に小江戸と呼ばれる川越に引っ越されて、わたしどもの兼任講師をお辞めになったあとも、また、停年前に惜しまれて明治大学を退職されたあとも、ごく最近まで貴重な助言者であり続けてくれた。

竹村猛先生の一周忌が過ぎた一九八八年の夏、茂久さんはわたしたちを麻績の「山小屋」に招待してくれた。いまは亡きわが友、飯田浩三とA君とが交代で運転する車の後部座席で、たしかわたしは行きも帰りもほろ酔い気分で横になっていたようだが、待ち合わせ場所に指定された篠ノ井線の聖高原駅に着くと、麦わら帽子をかぶった茂久先生が傾きかけた夏の光を浴びてすでにベンチに坐って待っておられた。お宅に着くとすぐに奥さまの歓待を受けながら、上等な葡萄酒を味わい、深夜に書斎を拝見してから、ほんとうの山小屋みたいな梯子段を子供心を甦らせながら上り、二階に休ませてもらった。翌朝早く散歩をしてすぐに飲み始め、夕方車を呼んで麻績村営の温泉に連れて行ってもらい、朦朧とした心地よい夢気分のなかで、高台にあるその温泉場から、更埴市や長野盆地を見下ろす絶景に感嘆した記憶がある。もしかしたら、あれは夢だったのかもしれないと思うこの頃である。

その後、茂久さんとお会いする機会といえば、新宿で道草をするときか、共通の友人や知人の不幸に接したときになってゆく。しかも、残念ながら後者のケースが多くなった。彼と一緒に野辺の送りをし、お清めをした先輩や友人はいったい何人いたことであろう。奇妙な縁で、茂久さんはわたしの高校時代の旧友のひとりをご存じで、わたしたちが旧交を温めるきっかけを小副川明氏とともにつくってくださったし、その旧友が急逝したときには、告別式に駆けつけてくれた。

一九九六年の三月、鈴木重生さんが停年退職され、わがスタッフの後任が正式に決まったとき、わたしたちのグループは湯河原への一泊旅行を企画して、茂久さんをお誘いした。奥さまを亡くされてからやはり心なしか憔悴なさったようにお見受けしたが、まだまだお元気で、喜んで参加してくれた。われわれとは別行動で「踊り子」号で到着し、「老人の特権を使って割引切符を買ってきたよ」といたずらっぽく笑っていた。別れ際に、湯河原の魚屋の二階で再び杯を交わしたとき、「今度は川越を案内しましょう。いいところがあるんだよ」とおっしゃった。電話や手紙は別として、直接お会いできたのは、それが最後であった。今年は、茂久さんを偲んで「小川町界隈」だけでなく、一度ゆっくりと川越の街を散策して「いいところ」を訪ねてみたいと思っている。深謝合掌。

（一九九八年十月三日記、一九九九年二月発行の『うつつとも知らず――小川茂久追悼文集』に収録）

十

交遊余情

高柳先男（一九三七〜一九九九）

一九九九年七月十五日の夕刻、翌日フランスに出発するわたしを、友人たちがはなむけと称して中央大学教職員食堂の赤葡萄酒で送ってくれているさなかだった。突然学事課から、高柳先男の急逝を知らされ、愕然とした。彼とは、パリにまつわる思い出がいろいろとあるので、通夜にも葬式にも立ち会わないのはいささか心苦しかったが、予定を変えるわけにはゆかず、翌朝パリに向かった。到着してまもなく、奇妙な夢を見た。高柳先男を背負ったわたしが、流れの速い泥河を素足で渡ろうとしているのだ。夢の中の彼は、五月半ばの金曜日、大学院授業の直後に立ち話をしたときと同じ姿であった。かなりやせていたからじつに軽く感じたのだが、その軽量の彼がわたしの首にしがみつき、進路の指図までしているのでひどく息苦しかった。夢はその先がないので、息苦しさで目が覚めたのだと思う。あの河はエクスのアルク河だったのか、フィレンツェのアルノ河だったのか、知る由もない。

わたしが中央大学に着任した一九六九年は学園紛争の真只中であったが、高柳さんは学生部委員を務め、おそらくその心労もあってか胃潰瘍の手術をしたはずである。初めて言葉を交わしたのは、その年の秋、彼が病み上がりで復帰したときだった。そして七二年の秋にわたしが最初のパリ留学から帰国したあと、急速に親密の度を増して、お互いの仕事や翻訳の問題から始まってフランスの文化や芸術の話をするようになった。パリにかんする何編かの拙文エッセイを、「情報価値に優れている」と評してくれたのは、やがて在外研究に出発する彼であったが、一回目のフランス滞在を終えると、その後は彼の方が頻繁に海外に行くようになったから、パリから帰ってくるたびに共通して関心を抱きそうな情報や、ときには本を土産にもってきてくれるようになった。彼には他にもフランス文学関係の友人が何人もいたが、彼とフランス映画やシャンソンの話をする機会にいちばん恵まれたのは、おそらくわたしではなかったかと思う。

ほんとうは政治学者よりも映画監督になりたかったらしいことをこちらに理解させたのは、いつのことだったろうか。彼の好きな女優の系列は、フランソワーズ・アルヌール、ジャンヌ・モロー、イザベル・アジャーニだった。わたしを自宅に招いてセルジュ・レジャニやカトリーヌ・ソルヴィル、イザベル・オーブレなど、当時日本では入手困難であったシャンソンのレコードをテープに録音させてくれたこともある。アラゴンの詩を歌うこのオーブレのなめらかな声は、とりわけ彼の気に入っていたようである。

八一年から八二年にかけてわたしが再びパリに滞在したとき、受け入れ先を日本研究所にしたのも、高柳さんの紹介によりチュングさんとのつきあいが始まったからである。この滞在中に、彼はわたしたちのダロー街の小さなステュディオに何度か現れた。平和学会でストックホルムを往復したときは、朝早くパリに着くと、まっすぐにわたしのところに酒豪の先輩松下圭一氏を連れてきたので、朝っぱらからしたたかに飲んだものだ。帰りがけにもストックホルムの話を聞かせてくれた。

八一年の九月に彼は奥さんと一緒にイタリアの旅をするというので、わたしたちもスペイン大旅行の計画を延長して北イタリアとスイスをまわった。彼には「フィレンツェのポンテ・ヴェッキオで九月十三日の午後六時に会おう」と連絡しておいたのだが、彼の出発が遅れたために、わたしたち夫婦とわが友相磯君はポンテ・ヴェッキオの人混みの中を二往復することになった。しかしそのあと、幸運にもヴェネチアのアカデミア美術館で思いがけなく高柳夫妻と出会い、その晩は夫婦二組で天ぷらに似たイタリア料理を味わったのだった。

彼とのあいだでは、どちらかが海外にいるとき、手紙のやりとりが結構あった。いま彼の懐かしい達筆を判読しながらあらためて読み返すと、さまざまな瞬間がよみがえってきて、ただ感無量という他はない。合掌。

（二〇〇〇年七月記、同年十二月発行の『高柳先男先生追悼集』に収録）

十一　藤井寛さんのこと

藤井　寛（一九四九〜二〇〇二）

二〇〇二年八月六日の晩、九時少しすぎた頃に突然藤井厚子さんから電話をいただいた。「藤井寛がアルプスの氷河でクレヴァスに滑落死してしまいました。これからいちばん早い便を探して現地に向かいますので、大学の方への連絡はよろしくお願いします」との知らせに、耳を疑い、ことばを失った。厚子さんは最初のショックを乗り越えてから電話をくださったに違いない。その瞬間うろたえたのはわたしの方で、受話器を置いてから、彼女が悲しみを抑えられて、きわめて冷静かつ気丈に対処なさっていることに、「さすが、藤井さんの奥さんだな」、と感心したものである。

そのあとの毎日は、ご遺族にとってどんなに大変であったことか。シャモニーでご遺体を引き取って荼毘に付し、ご遺骨を抱いてパリに着き、ステュディオの整理から家主や銀行その他とのいくつかの法的手続などをすませたのち、ご子息シモン君とともに帰国されたのは八月二十一日。帰京後すぐに大学にも見えたし、藤井さんの実家である広島にも納骨に行かれた。しかしパリでは、藤井さんと同時期に在外研究中であった商学部の橋本能教授が中心となって、後始末を全面的に手伝ってくれたので、われわれ法学部の同僚としては大変心強かった。藤井さんの先輩である日本館の館長、西澤文昭氏や、やはり在外研究でパリにおられた友人の北山研二氏、それに在パリ日本大使館の職員となっている山本朋幸君のような、中央大学法学部卒業生のご協力もうることができた。

九月二十八日、駿河台記念館においてご遺族の出席のもとに法学部教職員とフランス文学関係のわれわれ友人が主催するかたちで、「故藤井寛先生とのお別れの会」が開催された。藤井氏の教え子である学生諸君も大勢参加されたし、中央大学とは直接関係のないフランス文学界の友人たちも葡萄酒を持参して数多く出席され、故人との別れを惜しんだ。彼が突然この世から姿を消して以来、その後始末も「お別れ」も、すべては、彼の才能とお人柄を反映する姿をとって進行したのだと、いまにして思う。

故藤井寛氏は、一九七五年四月から一九九三年三月までの十八年間、岡山大学に勤務したあと、一九九三年四月から中大法学部にわれらが同僚として着任した。じつは九一年から九二年にかけて、わたしは特別研究期間の許可をえてパリに滞在していたのだが、その間に、九一年五月、入院中の飯田浩三氏が亡くなったのである。同年齢の親しい友人でもあり、「雑務を一緒に支えるしかないね」とお互いに観念していた間柄の飯田氏を失ってわたしのショックは大きかった。だが、葬式のあと再びパリに戻り、年が明けてやがて帰国の準備をする頃になって、当時は現役教授であった鈴木重生さんたちが、大きな存在であった飯田浩三の後任に「即戦力として働いてもらえる候補を見つけた」と言って知らせてきたのが、藤井さんだった。パリのグラシエール街のアパルトマンで、送られて来た彼の論文、アナトール・フランスの二編とロートレアモン二編を読んだ日のことを鮮やかに思い出す。そのあとしばらくして、日本館に滞在中の、当時は都立大学教授だった宮下志朗氏に会ったとき、藤井さんのことで質問をしたら、古くからの友人としての褒め言葉が返ってきただけでなく、宮下氏は、わたしの質問の動機をたちまち見破ってしまい、「人事でしょう?」と言ったのだった。

わたしが帰国すると、春の学会が東京都立大学で開かれ、その会場で『マルドロールの歌』にかんする彼の研究発表を聴く直前、初めて藤井さんに紹介された。発表のあとには一緒にお茶を飲んで話をしたが、そのとき彼が九二年の秋から渡仏する予定と言ったので、辞める直前にそのようなことが可能になるのは、これまでの貢献度がよほど高いか、あるいは彼の仲間がよほどすばらしいかのどちらかであると思ったのを覚えている。とにかく彼は、岡山大学最後の半年をパリ大学の博士課程で勉強したあと、九三年度から八王子のキャンパスに現れ、まさしく「即戦力」として活躍してくれたのである。

私立大学として良きにつけ悪しきにつけ独特の個性をもつ中央大学に、とりわけ国立大学から移ってくると、いろいろと戸惑うことが多いかもしれない。わたしは国立大学を知らないけれども、かつて着任後何年間かは、どうしてこうなのかと疑問に思うことが多々あった。とくにフランス語教育にかんして、故竹村猛さんや鈴木重生さんに改革案めいたものを提案して、「それはすぐには無理だ。他の外国語と相談して全体的に解決する必要がある」とよく言われたものである。藤井さんは語学教育について、学生側の希望を最大限に尊重することの保証と勉学意欲を積極的に引き出す方法、ならびに旧制高校的な読解力重視の方針よりも表現力重視の新方針を打ち出して、それを制度的に実現したいと提案した。これに対するわたしの反応は、その昔、猛さんがわたしに示した反応と大差なかった。いや、藤井さんにとってはまったく同じだったのである。彼から見ると、わたしは改革の障害となる保守的な先輩だったに違いない。エックスへの学生引率の形態や方法変更に対してわたしが示した消極的態度にも、彼はかなり批判的だった。学生にとってよいことならば教員は少々不利になっても犠牲を払うべきだという信念が、彼の場合、わたし以上に強かったのだと確信する。

実際、いろいろな問題で彼とわたしは意見が必ずしも同じではなかった。よく議論もしたし、前述のふたつの食い違いが原因となってか、さらにもうひとつは、わたしが、一世代も違うとから勝手に彼を「藤井君」と呼んだことがあったのも関係して、わたしに対する彼の反応が明らかに複雑・微妙になった時期がある。頭の回転の速い彼は、自分の意見を後回しにして、こちらを打診する態度に出たし、ときには相手を試すような反応も示した。しかし、あくまでも冷静に議論は議論という姿勢を保ってはいたのだ。だから議論はきれいな方であったと思う。ときに感情的になったのはわたしの方で、あるとき、教科書の執筆を巡って意見が分かれたことがある。わたしが内容にかかわる重大問題が発生する危険を理由に方針の変更を求めると、「信義の問題」で変えられないと応えた。わたしはそのとき激高して「じゃあ、こっち側の信義はどうなるんだ！」と叫んで席を立ってしまった。正直に言って、このことがあってから、むしろ逆に彼とわたしの関係はストレートになったような気がしている。少なくとも両方の側で複雑・微妙さは減少しつつあったと思っている。

九七年度から九八年度の二年間、彼はいまの「映像言語メディアラボ」の前身、「視聴覚教室」の運営委員長を務め、いろいろな工夫と改善の試みを実施しようとした。エックスとの交流関係にもすでに多大のエネルギーを注いできたし、法科大学院開設を控えて、今後のフランス語教育についてだけでなく、多岐にわたる問題をきめ細かく真剣に考えてくれていた。二〇〇二年度の在外研究を終えて現場に復帰したら、彼には中心になってさまざまな問題処理の名案を考えてもらうつもりでいた。長年雑用ばかりやってきたから、「いい加減で雑用から引退させて欲しい」とわたしが愚痴をこぼすと、彼は笑いながら「いいえ、簡単には引退させませんよ」と応えたものである。皮肉なことに彼のこのことばは、いま、彼の突然の死によって実現しつつある。

彼の書いたものや翻訳したものをいくつかあらためて読んだ。初めて拝読したものもある。研究者としての彼は、これからも大きなものを計画しているところであった。東大の学部時代にすでに「探検部」で活躍し、難しい山への挑戦からはじまって地下洞窟の探検やスクーバ・ダイヴィング、車やオートバイによる山野の走行に至るまで、早くから経験してきた冒険家の彼は、きわめて用意周到な計画を立て、その実践においても慎重であったと聞く。前夜、雪の降ったアルジャンティエール氷河を降りるとき、なぜ彼が先頭を歩き、しかもなぜ登りと同じコースをとらずに近道を下ったのか、魔がさしたとしか言いようのない偶然を悔しく思うばかりである。

わたしは法学部在任中に、頼りになるふたりの有能な友人同僚を失った。藤井さんはわたしより大分若いし、中央大学がいまはとりわけ彼の力を必要とする時期であっただけに、その不在の重みはますます大きくなって行く。まもなく停年を迎える自分を「悪貨」と見なし、「悪貨は良貨を駆逐する」というグレシャスの法則を思い出して、人間にも当てはまるのではないかと思うこの頃である。いま一度、合掌。

(二〇〇三年一月記、中央大学映像言語メディアラボ機関誌『A-V40』二〇〇三年三月二十五日号に掲載)

十二　三宅徳嘉教授旧蔵書

三宅徳嘉（一九一七〜二〇〇三）

三宅徳嘉先生が亡くなられてから、すでに二年半が経つ。二〇〇三年の夏、先生が闘病に最後の力を注いでおられたとき、当時東京都立大学教授の岡田真知夫君と立教大学教授の細川哲士君から声をかけられ、わたしも自分のパソコンを持参して池袋の細川研究室に何日か通い、三宅蔵書の洋書のみ、約三五〇〇冊のリスト作りに参加した。そのリストにもとづいて丸善が洋書のみを一括購入し、評価して売りに出した。一度は琉球大学が購入の希望を示したものの、運搬や殺虫消毒の必要、その他諸般の事情から諦めたので、中世文学、言語学、十七〜十八世紀フランス文学の宝庫というべきこの蔵書の購入が、中央大学で可能になった。購入と整理完了に至るまでの、三代にわたる図書館長、長崎健、川口紘明、古城利明各氏のご配慮と、佐藤善治氏をはじめとする図書館関係者のご尽力に、心から感謝申し上げたい。

三宅先生の父上は大審院の判事で、確か叔父上も法律家だった。「文学を選んだのは、堅苦しい法律家の家で育ったから、反発もあってね」、と話してくれたことがある。学習院育ちで、旧制高等科から東京大学フランス文学科に進み、大学院特別研究生となった。戦後はデカルトの研究やコンディヤック、ドルバックなどの翻訳を進めながら、学習院高等科講師と同大学文学部助教授を経て、一九五一年から東京都立大学助教授になり、同年秋、戦後第二回のフランス政府招聘留学生として渡仏した。このブルシエ試験には、マチネ・ポエティクのメンバー、中村真一郎や福永武彦らも受験したが、文学部門の合格者は三宅先生おひとりであった。ちなみに、戦後第一回にあたる前年の文学ブルシエは森有正であり、ストロウスキーの名著『フランスの智慧』は、森有正と土居寛之の共訳で出版されているが、森が一年先にフランスに行ってしまったので、実際には土居寛之と三宅先生とで翻訳したと言われている。在仏二年半のあいだ、先生は、中世文学のリュシアン・フーレや言語学のマルセル・コーエンに師事し、一九五四年に帰国した。帰国後『スタンダード仏和辞典』をはじめ、後年の『ラルース仏和辞典』に至るまで数多くの辞書編集に従事し、A・マルチネの言語学を翻訳・紹介するとともに、デカルトの新訳や初訳も試みて、若き日の伝説的秀才の誉れにわが国最高の碩学という名声を加えて、学会の尊敬を一身に集めた。

三宅先生は、一九七八年三月に東京都立大学を去り、四月から学習院大学教授となって十年間務められ、一九八八三月に停年退職された。専任教員として教鞭をとられた二つの大学に限らず、東京大学、京都大学、慶應義塾大学などの大学院に招かれて長年講師を務められたので、先生の謦咳に接して師と仰ぐ学者・研究者は、全国に数多く広がって活躍している。

このたび中央大学図書館で整理を完了した三宅蔵書は、破損本と重複本を除いて約二八〇〇冊となった。そのうち、ヨーロッパ中世文学関係の文献が約一三〇〇冊あって、中世フランス語のオイル語とオック語のアンソロジーや研究書が揃っているだけでなく、シャンピオン社刊行の《中世文学叢書》はほぼ全巻を集め、有名な『ロランの歌』や『薔薇物語』、フランソワ・ヴィヨンの詩などについては、基本的なエディションと研究書を網羅している。十三世紀のオック語で書かれた『フラメンカ』のすべてのエディションと研究書を収集している点でも大変珍しいコレクションと言えるだろう。

また一般言語学と現代フランス語学、さらに十七～十八世紀フランス古典文学と哲学（特にデカルトとコンディヤックの周辺）などの、合計一四〇〇冊も、そこに含まれているさまざまな辞典類とともに、今後の研究者にとってはきわめて貴重な文献となるに違いない。ただし三宅先生は、いわゆる「ビブリオフィル」ではなく、研究者として必要なものが揃い、中味が読めればよいという考え方から、同じ本が二冊あれば、破れて欠落したページがない限りは安価なほうを購入されたと推察されるので、残念ながら、破損本ではないにしても保存に神経を使わねばならない古書が多いわけである。

圧巻というべきは、幕末から明治初期に使用された仏和辞書や文法書の類、十数点である。長崎から江戸に出た中江篤介（兆民）が驚いたという村上英俊の『仏語明要』（一八六四年刊行）はさすがに入手していないが、三宅先生は、江戸幕府の「蕃所調所」が「洋書調所」に改称した一八六二年版の『ノエル・シャプサル新文法』（第五版）を見つけ出している。これは青いボール紙の日本製カヴァーで装丁されているが、中味はパリで出版された原書である。一八二三年に初版が出て大成功を収め、その後フランスのコレージュや大学で採用され一世を風靡した教科書だから、フロベールやマクシム・デュ・カンの世代以降、しばらくはみんなこの本で国語文法を習ったはずである。江戸には一八六一年版もすでに存在したらしく、この版を柳河春三が要約・簡略化して『法郎西文典』（上・下）として慶応二（一八六六）年に刊行した。おそらくは鳥の羽のペン字筆記体で書いた、手刷り木版の楮和紙仮綴じ本である。先生はそれも発見して、両版の異同を比較対照し、原書の一八六二年版に鉛筆でその違いを書き込んでおられる。

「洋書調所」は一八六三年には「開成所」と名を改め、やがて明治維新後、「開成学校」を経て「東京帝国大学」となるわけだが、一八六六年以降「開成所」がフランス語の教科書として使用したのは、この『法郎西文典』であった。また中江篤介が二年半の滞仏遊学を終えて帰国したのち、明治七（一八七四）年に「仏学塾」を開講したとき、フランス語教科書として使ったのも、『ノエル・シャプサル新文法』なのである。『中江兆民全集』第十七巻（岩波書店）によれば、明治十五年九月に改正された「仏語塾規則」にも文法には『ノエル小文典』を使用することが記されている。後年、この文法書は、大杉栄や石川三四郎も手にしたことがあるのかも知れない。

三宅蔵書には、記念すべき「開成所所蔵書」印の押されたものもあり、一八六七年に「開成所」が独自に発行した筆記体習字教科書『法語階梯』や発音練習と講読テクスト、『METHODE DE LECTURE』、桂川甫策校閲の単語集『法蘭西文典字類全』（一三〇〇語）、さらに、国文学の鈴木俊幸教授にも見ていただいたところ、明治初期の最高度の木版技術を示す優雅な装丁による文法書や単語集も何点か含まれている。これら貴重な書物を繙くとき、洋学事始の時代の先人の苦労が偲ばれ、いまのわれわれとは雲泥の差の努力に、頭が下がる思いである。

三宅先生はいつだったか、都立大学時代を思い出されて「きみたちの頃だね、都立の花は」とおっしゃった。これは、わたしを含め仲間たちが大喜びしそうな感想であるが、わたしたち、いや少なくともわたしは、いまもなお先生がまかれた種を咲かすこともできなければ、ましてや果実を実らせることもできなかった。先生が残され、いまや中央大学所蔵となった貴重な資料を用いて、やがて若い世代が立派な果実を実らせてくれることを心から祈っている。

（中央大学図書館発行の『My CUL』二〇〇六年七月号に掲載した文章を一部修正）

十三　石黒英男さんに

石黒英男（一九三一〜二〇一〇）

石黒さん、わたしが中央大学に着任した一九六九年に、わたしをあなたに紹介してくれたのは、鈴木重生さんでした。その頃のあなたは、マドロスパイプをくゆらせ、茶色いフェルトのベレー帽をかぶっていました。鈴木さんは、あなたのことを「信頼できる人だからね」と言ったのです。あなたが、《世界文学会》から離れつつあったその頃に、五年後輩のわたしはこの会に入り、しばらく研究に参加していました。そこでもうひとりの兄貴である五十嵐敏夫さんと出会っていたのです。五十嵐さんとわたしは教員組合の執行部でも一緒になりました。やがて、中央大学の文科系学部が駿河台から八王子に移転して、人文科学研究所が設立されたとき、あなたは初代の資料委員長として研究所の基礎作りをなさいました。この研究所で共同研究が奨励されたとき、五十嵐さんが「両大戦間の文化運動を一緒に研究しないか」と、わたしに声を掛けてくれたのです。五十嵐さんの親友にしてブレヒトの研究者であるあなたと、魯迅とその周辺を研究していた中国文学の井口晃さんも、このチームの成立にとっては不可欠でした。同時に政治社会史の酒井昌美さん、フランス経済史の廣田功さん、わたしの友人でフランス演劇とアルフレッド・ジャリの研究家相磯佳正君にも呼びかけて誕生したのが、「ファシズム・反ファシズム文化運動研究」というチームだったのです。このチームは十年間続き一定の成果を上げたあとで解散しましたが、その後主要メンバーはほぼ同じで、「転形期の文化運動」、「革命文学の再検討」というチームに発展してゆきました。その間、あなたは、人文科学研究所の五人目の所長を務められましたが、一方ではつねにわれわれのチームの中心であり、いわばわれらの知恵者であり、参謀であり、けっして過つことのない判断力を発揮して、意見対立があればそのまとめ役でもありました。約四十年にわたるこれまでのわたしの研究生活は、あなたなしでは考えることもできませんし、進展することもなかったでしょう。いや、研究生活だけではありません。学内のあらゆる問題から個人的なことにいたるまで、わたしと相磯君は事ある毎にあなたの意見を求めたものです。鈴木さんの言われた「信頼できる人」は、わたしにとっては最上級の形容詞をつけねば収まらない存在になっていたのです。そう、パリやその他のヨーロッパの都市を一緒に歩き、美術館や大寺院を訪ねたときのことが、いま、ちらちらと甦ってきます。

　ブレヒトの文章や彼の書いたせりふは、含蓄もあるがときに屈折して読み取るのが難しいとわたしは思います。長年それを読み解いて日本語に変える作業をしてきたあなたは、もともと優れていた判断力と言語力をいっそう深化させ、かつ豊かに磨き上げてきたといえるでしょう。そしておそらくブレヒトを通じてあなたはご自分の洞察力、真贋を見抜く力を養ってきたのではないかと推測されます。いつだったかこれも五十嵐さんと相磯君と四人で一緒に俳優座小劇場へと千田是也演出によるブレヒトの『とんがり頭と丸頭』を観に行ったとき、開幕を待つあいだに哲学者の久野収さんと会って歓談しましたが、そのとき、久野さんが石黒さんの翻訳した台詞の一部を具体的に引用して「あなたはこういうふうに訳しているが、よく考えた訳し方だ」と褒めていたのを思い出します。今頃は故久野収さんと、再びブレヒト談義をしているかもしれません。

　フランス文学畑のわたしたちの眼には、一般にドイツ文学者がややいかめしく見えます。しかし石黒さんにはそれがなかった。あなたは、名古屋大学時代にわたしも敬愛する故新村猛先生の愛弟子でしたから、その影響もあったのかもしれませんが、フランス文学や芸術にも大変詳しく、少なくともひとつの外国文学の研究者とは言えない大きさをつねに感じさせてくれました。芯は堅いが温厚にして柔軟。しかも、関心の対象も広範囲で、あなたは、哲学思想や文学・演劇のみならず、映画や造形美術にも及ぶ幅の広い活動をしています。

ところで故新村猛先生のことを、石黒さんは「お殿様だ」と評したことがあります。それはきっと的を射ているでしょう。しかし、この批評は、じつは石黒さん、あなたにも当てはまる面があるのです。品が良く、味覚が鋭く高級なグルメで、ややおっとりしているので、スリや物取りに狙われやすいお殿様。そう、目の前にあるものは何でも、特に赤葡萄酒を大量に飲むわたしとは大違いで、あなたは、アルコールは舐めるくらいしか飲まないけれども、驚嘆するほどに舌が肥えているので、わたしよりも葡萄酒のよしあしが良くわかる。「うん、これは美味い」とあなたが言う葡萄酒は間違いなく相当の名酒で、「これならもう少し呑んでも良い」とおっしゃる。きっとソムリエにもなれたでしょう。その鋭い味覚が、あなたの場合、じつは芸術や思想、運動や人間や人事全般にわたる真贋の鑑識眼、審美眼につながっているのです。あなたは、芸術や文学の、人事全般の優れたソムリエでした。

あなたを病院に見舞うたびに、酸素吸入や栄養摂取の管を巻かれて痛々しい姿のあなたに、マロン・グラッセやチョコレートなどを食べさせてやりたいと、どんなにか思ったことでしょう。それはもう絶対に不可能になりましたし、迷うような問題に直面しても、もはや、直接あなたの意見を伺うこともできなくなりました。三月十九日以来、あなたを失ったこの空洞は日に日に大きくなっていきます。悲しい別れに際して、あなたがこれまで示してくれた温かい友情に心から感謝するとともに、どうか静かにお休みくださいと申し上げます。しかし欲張りなお願いではありますが、それでもなお、わたしたちのことを遠くから見守っていてくださいますよう、お願い申し上げます。石黒さん、ありがとう。さようなら。

二〇一〇年三月二十五日

（同日の告別式で読み上げられたあと、同年五月に績文堂から発行された石黒英男著『ブレヒト案内——介入する思考』の付録『故石黒英男　告別式の記録』に収録）

十四　竹下春日先生のこと

竹下春日（一九一七〜二〇一〇）

（一九八九年三月、駒澤大学教授を停年退職）

竹下春日先生とは、もう十八年位、お会いしていない。そんなわたしが先生の停年退職に際して拙文を寄せるのは甚だ失礼千万な話だと思いながら、つい相変わらずのそそっかしさからお引き受けしてしまった。あの頃のことを想い起こすのは、懐かしいと同時にいささか辛いことでもある。

初めて先生にお会いしたのは、一九六六年の春、わたしが現在の〈業界〉、教師稼業に入ったときである。大学院の先輩であったT氏の推薦のおかげで、由緒ある曹洞禅宗の駒澤大学がわたしをフランス語の非常勤講師として採用してくれた年のことだった。すでにして好々爺の面影を見せていた先生が、教員室で時に熱弁を振るい出し、不思議な童顔の笑みをたたえて、当時の衝撃的な凶悪事件や、とりわけナポレオン一世の話をしてくれたことを思い出す。あの頃の竹下先生は、愛国的なフランス人と同様、熱烈なナポレオン・ファンで、ワーテルローの敗北は間違いによるものであると主張していた。

翌一九六七年に先輩のT氏が専任講師をお辞めになり、静岡大学に転勤した。いわばその後任として駒澤の専任講師となったわたしは、その後二年間、竹下先生と親しくお付き合いいただいたわけである。時間的には短い御縁であったが、この二年間は駒澤にとってもわたしたちにとっても、まさしく激動の時代であったと言えるだろう。

この時期の駒澤大学を、某評論家は「明治維新前」と評したものだ。教授会は全学教授会があるのみで、それも正教授にしか出席資格がない。竹下先生も当時は助教授であった。正教授と言えば、国公立大学を停年になられたご高齢の偉い方々が多く、すべては雲の上で決められているような印象で、わたしたち、とくに外国語教員の意見を反映させる公的な機関は皆無だったと言ってよい。もちろん教職員組合などあるわけはなく、学生自治会も存在しなかった。専任講師になった年にわたしは、合計十一コマの授業を担当させられた。専任である以上はそれ以上やるのが当然と言われたのだ。初任給をいただいた直後に、同時に着任したS先生と一緒に、当時の教務部長に会って「給与規定あるいは給与表を見せていただきたい」とお願いしたことがある。そのときの返事はいまだに忘れられない。「そんなものはない。来てもらいたい先生は高くなるし、来てもらいたくない先生は安くなる」との回答であった。

このような状況だったから、教育・研究条件も他大学に比して遅れていた。外国語授業の一クラスの学生数もべらぼうに多く、教育効果など論ずるどころではなかった。しかし幸いなことに、ドイツ語や英語の先輩同僚のなかには現状改善を真剣に考えている方々がたくさんおられて、その方々を中心として全語学教員による非公式の〈語学会議〉が組織された。これが現在の外国語学部の母体となったはずである。竹下先生はこの〈語学会議〉のメンバーのなかでは比較的年長の方であり、もともと物静かで、口論や諍いを好まず、権利主張さえ潔しとしない性格でおられるから、つねに慎重な態度で臨まれ、ときに改革の血気にはやるわたしを抑えてくださった。けれども一度だけ学監に向かって、頬を紅潮させ、いつになく激しい口調で「この人は優秀な教師です。われわれ全員が採用したいと言ってるんですから、採ってくれないと困りますッ」と言われたことがある。大学が女性専任講師の採用を「女性だから」との理由で拒否したときだった。結果は残念ながら、一年待たされたわけだが、わたしはこのときの頬をふくらませた先生の顔をいまでも覚えている。

自治会建設をめざす学生運動と、その後の大学立法・七〇年安保反対闘争のなかで、駒澤大学は大幅に改善されて行った。脱落者あるいは脱走者と言うべきわたしには何も言う資格はないけれども、現在の駒澤大学を築いてきたほかの多くの方々にたいしてと同様に、竹下先生にも心から敬意を表したいと思う。長いことご苦労さまでした。そして、いつまでもご健勝でありますよう。

（一九八九年三月発行の駒澤大学外国語学部『論集』第二十九号に掲載）

十五　水野明路さんにおくる

水野明路（一九二七～二〇一一）

中央大学の仏語仏文学関係の、これまで親しくしていただいた先輩の多くが、近年つぎつぎに停年退職された。停年退職ばかりではない。いまだ働き盛りの年齢にあった現役の先輩同僚が何人かあいついで亡くなられもした。古くは谷長茂氏が不慮の事故で消え去り、並木康彦氏と飯田浩三氏を病魔が奪い去った。室井庸一氏の退職に続いて、三年前にわれわれは戸張智雄氏と丸山圭三郎氏を失い、一昨年は、鈴木重生氏と望月芳郎氏の引退に立ち会った。そして今年は、中島昭和氏と水野明路氏をおくらねばならない。何とも寂しいかぎりである。とりわけこのおふたりの退職によって、完全にひとつの時代が終了するとの感が深いのは、なぜであろうか。

ひとつには、このあと、わたしより古い人があまりいなくなるからである。このことは、わたしもすでに老境にはいっている証拠であるばかりか、明らかに、いま終了しようとするこの時代、いや、おそらくはすでに終了してしまった時代にわたしが所属していることを示している。その時代とは、形式的には、語学教員が各学部に分属した縦割り開始の時代、内容的には、語学教員の身分・待遇・教育研究条件等における格差是正の時代、大げさに言えば、語学教員のアイデンティティーが確立し、同時に日本の大学における外国語教育の位置づけが最も高くなり、その意味が最も重視された時代であったと言えるだろう。

中島さんも水野さんも、この分属とアイデンティティー確立の時代の担い手であり、先に名前を挙げた方々とともに、さまざまな改善と改革に最も尽力された功労者だった。この時代の初期の状況や活動を知らない人たちは、すでに獲得されたものを当然の権利と見なし、そこを出発点としてものを考える傾向があるけれども——そしてそれ自体は当然のことであり、そのことを非難するつもりは毛頭ないのだが——すぐ下の世代のひとりとして、先輩たちの努力と成果をつぶさに見、驥尾に付して多少努力の真似事をしながら、その恩恵を受けてきたものとしては、この際、真先にこの方々に深い敬意と謝意を表しておかねばならないと思う。

ところでフランス語教員の各学部分属の準備が始まったのは、一九六六年のことであるらしく、この年まで文学部仏文学科に所属していた故谷長茂氏が翌一九六七年に商学部に移り、同時に中島昭和氏が経済学部に迎えられた。法学部にはすでに故竹村猛氏がくることが内定していたが、就任は一年遅れて一九六八年になった。法経商三学部における分属の基礎というか、少なくとも分属の核になる人物は、まちがいなく谷長さんを中心に用意されたものと推測される。それぞれ核となった猛さんと中島さんは、早くから準備の相談を受けていたに違いない。

水野明路さんが商学部に着任したのは、竹村猛さんと鈴木重生さんが法学部に着任したのと同じく一九六八年だった。同年、経済学部には加納晃氏と南部全司氏が就任している。一九六九年、大紛争の真最中に着任したのが、商学部の故並木康彦氏と法学部のわたしだった。

あとで聞いたところによると、谷長さんと猛さんとのあいだでは、ふたり目の専任人事をめぐって、両方の学部に共通の最有力候補として残った鈴木さんと水野さんのどちらを選ぶかを話し合い、お互いに「どちらをいただいても結構」と選択権を譲り合ったという話がある。じつはわたしは、谷長さんと並木さんが旧制三高の出身で水野さんが京都大学卒業であることから、商学部には京都に縁の深い人が集まっているとの印象を抱いていたが、これはむしろ偶然の結果だったのかもしれない。水野さんが法学部で、鈴木さんが商学部になることもありえたかのように語ったのは、いまは亡き猛さんであったが、もしそうなっていたなら、わたしも法学部に所属していなかったであろう。もっともそのときに猛さんがわたしに言いたかったことは、「おまえなんか俺のところには要らなかった」という意味らしいから、真偽のほどはわからないのだが。

わたしは、猛さんとはある時期、酒の上での猛烈なつきあいをしたので、猛さんが親しくしていた方々とも同席することが多く、やがて商学部の谷長さん、並木さん、水野さんから、猛さんがいないときにも誘いを受けるようになり、駿河台時代には、この三者三様、そこに猛さんがはいると四者四様のユニークな個性を相手に《ラドリオ》《ランチョン》《夕月》《あくね》などに足繁く通ったものである。とりわけ、毎週ある曜日に決まって顔を合わせる「ラドリオの夕べ」には、中央大学のドイツ文学者やときに兼任講師で現れる著名な文学者や明治大学その他の先生方をもまじえて、文学・芸術談義に花が咲いただけでなく、政治・思想状況をめぐる激しい議論も展開されたものだった。

水野さんはそんなとき、いつでもいちばん物静かで冷静でもあり、一見引っ込み思案と見えるほどに地味に振る舞っていた。彼の専攻分野ないしは関心の領域のまばゆさ、きらびやかさとは好対照であったのだが、同時にその領域がもつ難解さの印象と、きわめて高度の知性と緻密さを要求する近づきがたい印象も手伝って、わたしにとっては、彼の眼鏡の奥の、普段は優しい目がときに鋭く光るのがこわかった。確かに自己主張はあまりせずに、静かに観察したうえで、きわめて的を射た批評をする人であるが、その頃の水野さんの表現はいつも独特であって、わたしにはひとひねりもふたひねりもした、屈折した表現のように思えたものだった。あとになって気がついたのだが、じつはそれは屈折していたのではなく、高度に圧縮されたヴァレリー風の詩的なメタフォールであったのだろう。それはおそらく、この頃残された一連の彼のヴァレリー研究の成果と無関係ではなかったと思われる。

最初にわたしをどきりとさせたのは、水道橋の南口近くにあった豆腐専門の《占い酒場》に、谷長さんと三人で行ったときのことだ。いまはもう存在しないが、その頃にしてすでに周囲から取り残されたように、ぽつんと一軒、傾いだ平屋建ての木造日本家屋が、入口に《占い酒場》の提灯を下げて建っていた。肴は、たしか湯豆腐と冷や奴だけであったと記憶している。台所の前で、一本欠けた前歯を見せ、にっと声も出さずに微笑むちょっぴり不気味な女将さんが客の手相を見てくれるという話で、谷長さんはわたしを実験台にするつもりで連れてきたのであった。すべての和室をぶち抜いて造ったから、一面のだだっ広い畳部屋の客席には、ところどころに寒そうに柱が立っている。その一角に三人で腰を下ろし、しばし日本酒で湯豆腐をつつきながら、フランス文学とその頃の関心事を、主としてわたしがふたりの大先輩に聞いてもらっていたときである。水野さんが突然ぼそっと「きみは文学のコルポルトゥールだな」と言った。とっさにわたしは「そんなに器用じゃありませんよ」と答えたのだったが、この批評の真意はどこにあったのか、いまだにその解釈に迷うほど含蓄が深い。しかも、どういう解釈をしたとしても、とにかく鋭い切り込みであったと言うほかはないのである。

フランス語の colporteur は、ふつう「行商人」を意味する。このときのわたしは、水野さんの発言をこの意味にしか解釈しなかった。それでも、富山の薬売りのように、あっちに行ってちょこっとポール・ニザンやドリユ・ラ・ロシェルの話をし、こっちではブラジヤックだのは、アンドレ・モロワの作品のごくごく一部を切り刻んで紹介する程度のことしかしていない若造は、自分の専門分野さえ確定できずにうろうろするだけで、プロとして自分の店を張ることなどとうていできない「行商人」にすぎなかった。いや、こう言ったらほんとうの行商人に失礼かもしれない。行商人とは、それなりの分野で深い専門知識をもっているはずだから、じつは、行商人の域にさえ達してはいなかったというべきなのだ。しかしとにかく、わたしにたいする水野さんのメタフォールは、ある意味において、もののみごとに的中しており、そのあとしばらくこのことばが気になってしかたがなかった。

colporteur のもうひとつの意味は、あとで調べてわかったことだが、侮蔑的なニュアンスを含めて使う「吹聴者、言いふらす人間」を指す。もしこの意味で言ったならば、おそらく水野さんはその日のわたしの饒舌に辟易して、警告を発する気になったのだろうと思われる。もしかすると彼はこの二通りの意味の両方を込めて言ったのかもしれない、などとわたしは考えたりしたものだ。そして最終的には、最初の意味であると勝手に解釈を決め、わたしとしてはそのかぎりでの警告と忠告を素直に受けとることにした。そうするしかなかった。万一、第二の意味が含まれていたとしても、瞬間的な軽蔑の色合いが強いだけであって、第一の意味に比べれば、本質的には大した問題ではなかったからである。わたしはその後、このメタフォールがいつまでも現実であることがないようにと、将来における予言にもならないようにと願って、わたしなりの試みをしたつもりではある。ところが現実は水野さんの発言の呪縛を受けたかのように、いまだにいっこうに変わっていない。いや、じつはやっと、本物の行商人になりつつあるという意味で、ほんの少しだけ変わったと言うべきだろうか。実際、ちょっとやそっとの努力をしたところで、やっていることと言ったら、せいぜい「文学のコルポルタージュ（行商）」にすぎないというのが、この歳になってからの実感であるからだ。

ところで、わたしの手相を見た女将さんの占いはこうだった。「お仕事も家庭も順調にいきます。でも、一年以内に怪我をされますわ。それも頭にね」。家庭が順調にいくのは、当然の予測であった。わたしとしては、これ以上まずい状況は考えられないほどの時期を脱出したばかりであったからだ。そして「まさか」と笑っていた怪我の予告は、翌年の春に、自転車で車にぶつかる事故を起こして、顎を何針も縫うかたちで実現したのだった。女将さんの予言は、予期したことも予期しなかったことも、たしかに的中した。しかしそれだけのことであった。つまり一年未満の範囲にとどまるものにすぎなかった。ところが水野さんのメタフォールは、その後ますます年を経るにしたがって重みを増し、わたしのうえにのしかかり、ついに頼みもしなかった予言に変貌し、わたしの絶えざる現実の姿であるという意味では、その予言が絶え間なく的中し続けているという最悪の事態を引き起こしている。《占い酒場》での水野さんの発言は、あまりにも重いものとなった。あの日のほんとうの占い師は、前歯の欠けた女将さんではなく、水野さんの方であったような気がしてならなかった。

このことがあって以来、わたしはますます商学部の三人の年長者と親しくなっている。谷長さんと一緒に水野さんの南麻布のお宅にお邪魔して泊めていただいたこともあるし、ひとりで伺って、父親によく似た目のお嬢さんと長いこと話をしたこともある。そしてだんだん、水野さんの物静かな遠慮したものの言い方のなかにも、かなりはっきりした好悪の感覚が表れているのだと思うようになった。しかも彼は、めったにないことではあるが、いよいよ必要であると判断すれば、ストレートのスピードボールも投げるのである。それがわかったのはじつは、ほかの先輩たちにたいしてもそうであったように、わたしが水野さんを何度か怒らせたことがあるからであろう。

ジョルジュ・ムスタキの作詞・作曲したシャンソンに『Ma Solitude』という作品があって、わたしは気に入っていたので、その詩を水野さんに見せたことがある。すると彼は、一読して即座に「このcourtisaneってことばが気になるね」と言った。そこではムスタキが女性名詞の「孤独」を生涯の伴侶と見なして、たとえ別の「高級娼婦」のもとに走ったとしても「孤独よ、おまえのもとに必ず帰る」と歌っている部分だった。彼が「気になる」と言ったのは「気に入らない」という意味だった。彼はそのほかには何も言わなかったけれども、せっかくのいい詩がこの単語ひとつで台無しになったと一瞬のうちに的確に判断したのである。少なくともわたしは、依然としてこの歌が好きではあるが、彼の判断に賛成し、やがてこの詩の欠点はこの単語の使用にあると思うようになった。

故飯田浩三の一周忌を迎え、彼が生前親しくしていた大学の同僚を誘いあわせて大宮へと墓参りに行ったとき、霊園の食堂で故人を偲ぶ会を開いて、参加者全員が順番に故人との思い出を語ることになった。そのときの水野さんの話の切り出し方に、わたしはまたしてもぎゃふんとなった。立ち上がると彼は、わたしの方を見ながら、いきなり「髙橋さんという人は、大変嫉妬深い人で、わたしは飯田さんと自由につきあいたかったのに、髙橋さんを通さないと飯田さんとつきあわせてもらえない雰囲気があった」と断言したのである。わたしは正直言って、人並みに自分を客体化することができるつもりでいたし、自分を嫉妬深い人間とは思っていなかったので、この観察には、ぐさりと胸深く短刀を突き刺されたような気がした。さよう、たしかに彼の言うとおり、水野さんにたいしてだけでなく、並木さんにたいしても、場合によっては谷長さんにたいしてさえ、自分が飯田さんとのあいだに立とうという意識がわたしにはあった。しかし、おそらくその意識は逆の方向にむしろ強く表れて、いまにして思えば水野さん以上に飯田浩三の方がその窮屈さを感じていたのではなかったか。商学部の先生方と話をするときは、猛さんでなければ、髙橋を通さないとめんどくさいことになると、亡きわが友は考えていたのではないかと、冷や汗をかく思いであった。はたしてそれがわたしの嫉妬深さだけによるものかどうか、それはわからない。だが、少なくともある時期から忘れていた視点を甦らせ、やっぱり自分は嫉妬深いのかもしれないと、五十路も半ばを過ぎてから考えざるをえなくなったのは、水野さんの観察と鮮やかなストレート・パンチのおかげであった。

水野さんの語録をいろいろと紹介すればきりがないであろう。わたしの手元には、わたしたちのいずれかが在外研究等でフランスに滞在していたときに彼から受け取った手紙が何通もある。なかでも谷長さんが亡くなったときの後始末の模様を知らせてきた手紙は、動揺と狼狽を示しながらも、パリにいて「谷さん」の急逝を知らされたわたしへの優しい思いやりにあふれている。

ふだん話をしているときにはそのような印象はないのだが、いつごろからのことだろうか、水野さんの書かれる文章には、絵画的なイメージが数多く登場する。何かをあるいは誰かのことをじっくりと考えると、自然にその対象にふさわしい絵画的イメージが浮かんでくるのだろうか、それとも意識的に絵画的メタフォールを探しているのだろうか。たしか、故桐谷幸治氏の告別式で読みあげた弔辞の文章は、グレコの絵の話から始まっていたし、最近の『鈴木先生との思い出』のなかにも「長い竹馬の上に乗った老人」のイメージが出てくる。わたしは気がつかなかったのだが、水野さんはもともと際立って絵画的な感覚の持ち主だったのかもしれない。

水野さんの二度目のパリ滞在のときは、竹村猛さんと同じ時期だったから、猛さんはずいぶん頻繁に水野さんに会いに行ったそうである。同時に学習院大学のわたしの恩師でもあるシラケンこと、白井健三郎氏も在外研究でパリにいて、水野さんと親交を深めている。猛さんとシラケンはあまり会っていないはずだが、水野さんは双方から頼りにされたようだ。もちろんそれは、水野さんにとっても楽しい思い出になっているようだが、このふたりの先輩にとって、パリ時代の水野さんの存在はどんなに心強く思われたか、想像に難くない。

谷長さんが亡くなったあと、並木さんと水野さんのあいだがどこかしっくりせず、わたしから見て大変心配な状況と思われる時期があった。この件では猛さんや鈴木さんにこっそり相談したこともあったが、ありがたいことに結局は杞憂に終わった。わたしは並木さんとのつきあいの方が深かったからわかるのだが、衝突が避けられたのは、むしろ水野さんの反応のおかげであったと思っている。

考えてみると水野さんという人は、いつでも何かの後始末をしてきたような気がする。それはその能力があったからであるとも言えるのだが、それにしてもあまりありがたい巡り合わせではなかったと思う。谷長さんの消滅事件のときも、再三におよぶ並木さんの病気のときも、その他多くの先輩の身辺に起こった不幸や事件の処理には、たいてい彼が中心的にかかわってきた。これまでに中大で開催した二度のフランス文学会でも彼が重責を担ってきたし、人文研の所長を務めたときには、歴代所長が遭遇した難問のなかでもわたしの知るかぎり最もめんどうで不愉快な問題の処理にあたることになった。私的には、近隣の高層住宅化によって、ご自分が育ってきた家の処分をせねばならないところにまで追い込まれ、その始末をなさった。

だから、水野さん、あなたが大学から去ることはじつに寂しいけれども、もうこれからはけっして後始末などなさらなくてもよい立場になることに、むしろお祝いを申しあげたい気持ちでいる。あなたの立場に近いつもりのわたしとしては、半分引退気分を先取りしながら、そのうえ、所属する学部も違うから無責任にあえて言うのですが、何か事件でも引き起こして後輩たちにその後始末をやらせておやりなさいと進言したいくらいである。「そんな馬鹿な」とあなたは笑うでしょう。そう、そういう馬鹿話と山の話を、並木さんの仲間の話も含めて、信州や『中央線から見える山』の話やあなたの登った剣岳の話や、一緒に過ごしたパリや両方が知っている街の話を、うまい赤葡萄酒を飲みながら、いずれしようではありませんか。あるいは天下一品の鰻などを味わいながら、ね、兄上さま。

（一九九七年十二月記、一九九八年一月発行の『仏語仏文学研究』第三十号に掲載）

十六　江川潤氏追悼

江川　潤（一九三四〜二〇一二）

　その昔、わたしの師匠筋の大先生たちが戯れに、中央大学の酒豪番付を作成した。その際当然、われらの江川潤も話題になった。「彼の力は横綱級だが、品がないから関脇止まりだ」と言ったのは、金原左門先生であったと思う。しかしそのとき、むしろ彼を、番付外の「三大酒乱」のなかに入れるべきだという意見さえあった。

　江川さんとわたしを引き合わせてくれたのは、着任直後に一緒に教員組合の執行委員を務めた故神田博司先生だった。「君に紹介したい男がいる」と言って、駿河台の料理屋に一席設けてくれたのだ。そのときの彼は兼任講師で、酒乱の気などさらさら見せなかった。まもなく法学部教授会に専任の新任人事で江川さんの名前が出た。故小松春雄先生は、「来年、助教授を飛ばしていきなり教授に推薦する」と予告して、専任講師としての採用を求めた。おそらく前代未聞の演説だったであろう。予告通りに江川さんは、中大では助教授を経験せずに着任翌年に教授に昇格した。こんなことが可能だったのは、学問的には、最初から教授で採用して何の問題もなかったからに違いない。小松先生を筆頭とする政治学科が企てた奇策は、江川さんの酒の上での評判と関係があるだろうとわたしは推測した。

回を重ねて酒席でも付き合うことが多くなったわたしは、一定の酒量を超えると彼の声が大きくなるだけでなく、言葉も乱暴になることに気が付いた。しかもその傾向は、偉い先生が傍にいるときのほうが強くなるのだ。彼の暴れ方には、『七人の侍』で三船敏郎が演じた「菊千代」を思わせるような愛嬌も見られたから、多少の甘えもあったに違いないが、反抗と反逆の人迷惑な表現であったことも確かである。そんな彼にわたしは「江川さん、品よく行こう」と何度呼びかけたかわからない。彼はにやりとして、一瞬だけ静かになったけれども、しばらくするとまた大声に戻るのだった。しかし、翌日の昼間に会うと彼はいかにも紳士然として、前日のことなどすべて忘れ、まるで初対面同士のように振る舞うので、その姿には思わず失笑せざるをえなかった。

反権力、反全体主義を貫こうとした江川さんは、わたしと故有澤秀重君が、教員組合委員長を依頼しに行ったとき激怒して、「何を考えているのか。お前らは俺を理解していない」と叱り飛ばした。彼は「長」と名のつくすべての職を拒否したのだ。自他ともに許したのは、「夜の学長」の異名だけだった。

大声で荒い言葉を吐くので、若いときは酔うと喧嘩になることがしばしばあったようだが、暴力沙汰では、加害者になった回数より被害者になったことの方がはるかに多いと思う。酒気の嫌いな愛犬に説教をして噛みつかれたことさえあった。

しかしながら、江川さんは一度だけ、酒乱の誉れ高い別の大教授にわたしが絡まれて険悪になったとき、慌ててあいだに割って入り、止めてくれたことがある。以来その大教授に、わたしは近づかなかった。

いつの頃からか、江川さんはわたしの飲み仲間の常連になっていた。「お前らと一緒に飲んでいて楽しい」、「このグループは中大のなかの夜盗の群、梁山泊だ」などと言った。この表現をわたしは褒め言葉と解釈して、買い被りが過ぎるのではないかと感じたが、じつはこれこそ江川潤の心底からの願望だったのではないだろうか。

妻とわたしは、江川夫妻を誘って何度か望月の某温泉に泊まりに行ったが、そんなある日、江川夫人は自分たちの結婚式のあと、新郎が友だちと飲みに行ったままその夜、とうとう帰って来なかった事実を打ち明けた。それを聞いてわたしの妻は、怒りだし、テーブルを叩いて「可哀そうに。何を考えていたのですか、あなたは？」と語気強く叱った。わたしは何も言わなかった。潤ちゃんは恐縮して、それ以来、わたしの妻を怖がっていた。彼はかなりシャイで、ほんとうは、気が小さかったのである。そんな彼が肺癌との壮絶な闘いをしている姿を見て、何とも痛ましくて仕方がなかった。だが、彼は最後まで、アナーキストのように雄々しく闘って、昇天した。ご冥福を祈って合掌。

（二〇一二年三月十三日記、二〇一二年三月二十二日発行の『中央大学教員組合新聞』第二百八十三号に掲載）

十七　山﨑庸一郎先生

山﨑庸一郎（一九二九〜二〇一三）

東京大学大学院に在籍中に学習院フランス文学科の助手に就任し、三年後の一九五六年に専任講師となり、六一年に助教授昇任。六二年十月より六三年十月までフランスに留学。六九年教授昇任。東大時代は村上光彦や野沢協と同期で、渡辺一夫先生のもとでロンサールをはじめとする十六世紀のプレイアッド詩人やモンテーニュを研究対象としていたが、教師になってからは、ガブリエル・マルセル、テイヤール・ド・シャルダン、ジョルジュ・シムノン、ジュリアン・グリーン、シャルル・ペギー、サン＝テグジュペリ、ポール・クローデル、シモーヌ・ヴェイユなど、研究も翻訳も二十世紀の作家・思想家を対象にしていた。翻訳の点数で言えば、学習院大学においては、鈴木力衛先生に次ぐ作品数を残したと言えるかもしれない。

わたしが学習院大学に入学した一九五七年には、仏文ゼミナールなどの固定必修科目以外は、語学授業もすべて自由に選択できたので、入学してすぐに山﨑先生の初級文法を選択したが、夏休み前は、ほとんど出席しなかった。するとフランス語既習の友人、國定毅を通じて、「出席するように」との連絡が来て、秋からは仕方なく出席することにした。しかも、二年生以上と既修者によって、山﨑先生を囲んで授業とは別に読書会が開かれており、そこに初修者としては、わたしひとりが勧誘を受けて参加することになった。ＡＢＣをやり始めたばかりで、いきなりガブリエル・マルセル、その次がクローデルの戯曲『火刑台のジャンヌ・ダルク』、続いてモンテルランの『サンチャゴ騎士団長』、そのあとはサン＝テグジュペリを読んだ。コピーの器械などまだない時代だったから、確か、テキストは助手の佐貫さんが原紙にタイプを打ってくれたのを謄写版で印刷して作成したと記憶している。

じつは、わたしは正規のフランス文学科の授業よりも山﨑先生を囲むこの読書会で育った学生なのである。参加者のなかで唯一の初修者であったが、そのメンバーのなかでのちにフランス語の教員になったのはわたしだけだったから、山﨑先生に対してはいまでも特別に恩義を感じている。あらゆる解釈の可能性を吟味しながら、お互いの脳みそをすり合わせる場としての読書会こそは、思い込みや思考の轍にはまり込むことを避け、誤訳をしないための最も有効な手段であることを、わたしは山﨑先生から学んだのだった。だから、その後自分が教師になってからも、とくに中央大学法学部において、学部の三〜四年生から大学院の学生諸君を相手に、さまざまな読書会を好んで組織するようになったのだと思う。

山﨑先生とは、個人的にも学習院では最も親しくしていただき、翻訳のお手伝いもしたことが何回かあるし、しょっちゅう一緒に映画を見に行き、安い飲み屋に連れて行ってもらったこともある。先生が結婚して親元を離れると、何度も新婚のお宅に押しかけたし、悪阻で苦しんでいる奥さまのために料理を作ると称して、立派な銅鍋を緑青だらけの、使い物にならない廃品屑にしてしまったことさえある。もちろん、こういう形でお世話になったのはわたしひとりではなかったけれども、最も親密にして情愛のこもった指導と付き合いに恵まれたのは、間違いなくこのわたしであった。わたしが親の反対を押し切って早々と同棲生活をし、東京都立大学の大学院に進学してから、収入を得るために競馬の新聞記者をしていたときも、絶えず連絡を取り続け、話相手、相談相手になってくれた。ご自分の留学中に、「これを使って勉強しろ」とリトレ大辞典を貸してくれたが、この辞典を使いこなすほどにはフランス語を読まなかった。先生が留学から帰国して、やがてわたしが短い修士論文を用意して、お情けで都立の大学院を修了し、新聞記者の仕事を辞める方針を立てると、幸運にも都立大の先輩と山﨑先生とが、わたしのために非常勤講師の口を紹介してくれた。そのおかげで、わたしは教師になる道をたどることができたのだった。

長いことわたしは目白に住んでいたので、友人や山﨑先生と目白周辺で飲む機会が多かった。都立大でわたしは、山﨑先生と東大時代に同期だった野沢協先生とも親しくしていただいた。人間味にあふれ、カトリック信者にしては謹厳なところを微塵も見せず、スケールが大きいというか寛容というべきか、じつに人付き合いの好きな山﨑先生は、酔うほどに、「おい、野沢を呼ぼうよ、電話をかけてごらん」とわたしに言うのだ。わたしは、初めてのときは恐る恐る、碩学で名高い野沢先生に電話をかけたものである。あの当時だけで電話は合計数回かけたと思うが、協先生は、たしかに三度、タクシーで夜中に目白まで来てくださり、一緒に飲んでくれたことがある。都立大の友人たちは、わたしがこの話をしても、おそらく信じないであろう。

わたしはその後駒澤大学で二年間専任講師を務め、一九六九年、全共闘運動の真只中で、縁あって中央大学の法学部に転勤した。山﨑庸一郎と野沢協の両先生もこの転勤を喜んでくださったが、やがて中央大学が八王子に移転すると、豊島区千早町の山﨑宅を訪問する機会が少なくなっただけでなく、研究分野の都合もあって野沢先生にお会いする回数が多くなり、庸一郎先生とは学習院でたまにお会いするだけになってしまった。

先生が停年退職された直後の二〇〇〇年四月に、前もって教え子たちが相談してみすず書房に制作してもらい、『友情の微笑み　山﨑庸一郎古稀記念』を出版することができた。わたしはこの論集に何も執筆しなかったが、刊行委員会の代表として、もっぱら編集に専念した次第である。

二〇一一年の秋に自分の翻訳した本を先生にお送りしたとき、先生はわたしに次のようなはがきを送ってくださった。

「佐伯（隆幸）さんの最終講義のときは、ひとが多くてろくに話ができませんでした。そのとき貴君の口から〈翻訳をやりましたよ〉、という言葉をきき、そのあと期待していました。その成果であるミシェル・ラゴンの『フランス・プロレタリア文学史』を昨日受け取りました。心から御礼申し上げます。またいつだったか、貴君の口から〈プロレタリア文学などという言葉自体がいまは受けませんけれど…〉という言葉も発せられたのを記憶しています。ヴェーユやペギーなどをかじったわたしですが、文学のなかでプロレタリア文学なるものがどんなふうに位置づけられるか、その主要問題点はなにかについてさえ、無自覚でした。いま、御訳を手に少しずつ勉強させてもらっています。翻訳時のご苦労も考えながら」。

これが先生からいただいた最後の手紙となった。彼は、かつて親しかった学習院フランス文学科の数多の教え子たちには何も知らせずに、二〇一三年の夏にこの世を去っていった。あとで仄聞したところによれば、最後の年まで、年配の何人かの女性の教え子たちを自宅に集めて、読書会をなさっていたそうである。

山﨑先生からかつてわたしは若いころ、「きみが優しいのは、すべてはどうでもいいと思っているからではないのか？」と訊かれたことがある。そのときはどう応えてよいのかわからなかった。確かにわたしはいまでも、徹底した反権力という意味でアナーキズムに好感を抱いている。しかしこの質問に対して、いまははっきりと「どうでもよいからではない」と応えたいと思う。山﨑庸一郎先生がすでにこの世を去ってしまった以上、いまはただただ、寛大で静かな、彼の微笑みを思い浮かべるだけである。

（二〇一六年七月記）

十八　五十嵐敏夫大兄

五十嵐敏夫（一九三一〜二〇一四）

五十嵐さんとの最初の出会いは、世界文学会という研究サークルでした。「世界文学」という表現はゲーテが最初に使ったそうですが、さまざまな外国文学の、それも当時の左翼的な研究者が集まり、共通のテーマで各自成果を発表し合っていました。わたしが入会したのは一九六九年頃でしたが、その頃は英文学者の日高八郎さんが会長を務めておられました。しかしやがて石黒さんも五十嵐さんも、あまり会合には出て来なくなり、まもなく退会されたようです。わたしも、ふたりより五年ぐらい遅れて退会しました。一九六九年、安田砦の年の四月に、やはり大学紛争の真只中にあった中央大学の法学部に採用されて、わたしは駒澤大学から移ってきました。五十嵐さんも同じ年に成城学園大学を退職して中央の文学部に移られたので、ぼくらは着任が同期でした。着任してすぐに夏ごろから教員組合の執行委員を一緒にやったのを覚えています。

彼はドイツ文学の研究者を目指す前に一度千葉大学で医学を学んでいましたから、医者の友人がたくさんいました。彼の父上は教育者でしたが、奥さまの家族は名門の医者の家系だから、まわりはお医者さんだらけだと聞いたことがあります。彼はそれを誇りに思っていたのかもしれません。しかし、五十嵐さんはとにかく酒が好きでしたから、彼の健康を心配する友人の医者たちの反応が「酒を控えろ」とか「禁酒の薦め」や「休肝日設定の助言」などになると、元気な頃は、つねに一刀両断に「あいつらはみんな藪医者だ」と決めつけていました。医者の道を諦めてからの彼は、ドイツ文学を専攻して千葉大学の文学部から東京都立大学の大学院に進み、大山聰先生の指導を受けて研究に励み、他方、千田是也とも親しく付き合って、俳優座や労働者演劇の実践活動に加わりながら、やがてドイツの労働者演劇と、親友の石黒英男さんとともに、ベルトルト・ブレヒトの優れた研究者になったのです。

中央大学の文科系学部が多摩に移転して、人文科学研究所が設置されたとき、五十嵐さんはわたしに「両大戦間の文化運動の研究を一緒にやらないか」と提案してくれました。そしてふたりで、まずは石黒英男さんと中国文学の井口晃さん、ついでフランス文学の相磯佳正君とフランス政治・経済史の廣田功さんに呼びかけて発足したのが、「ファシズム・反ファシズム文化運動研究」のチームでした。このグループはその後チーム名を変えて存続して行きますが、この研究グループが残した最大の業績は、フランス人民戦線期の文化運動の頂点をなした、一九三五年パリの国際作家大会の演説集を翻訳し、法政大学出版局から刊行したことであります。この演説集は先にドイツ語やスペイン語で出版されていましたが、いずれも不完全なものでした。われわれの出した日本語版は、とくにフランスの研究者の協力を得て、これまでは発見されていなかったか、あるいは政治的立場の違いから削除・抹殺されていた原稿をも発見・採用し、さらに用意されはしたが何らかの理由で割愛されたものも含め、これまでで一番完全なものになっています。フランス語原文の翻訳責任者は相磯君とわたしですが、ドイツ語テキストにかんしては石黒さんと五十嵐さんが責任者でした。いまは故人となったドイツ文学のこの二人の兄貴がいなかったら、いまわたしたちが誇りとしているこの仕事は、完成していなかったでありましょう。

この研究活動のなかでわたしたちはよく議論し、五十嵐さんとわたしはとくによく飲みました。わたしも相当に酒好きで、中央大学ではあまり品の良くない酒豪、ときに酒乱と言われるような先輩とさえ付き合っていましたから、別に酒の上での五十嵐さんの反応にいまさら驚いたわけではありません。しかし、純粋だと言えば確かに純粋ですが、こちらの反応に気に入らないところがあると、場合によっては手が出るし、物が飛んでくることもありました。《中央大学新聞学会》のOB諸君のうち、何人かは、そういう五十嵐さんの姿を見ていることでしょう。豊田の天ぷら屋で大きな丸テーブルを囲み、料理を待ちながら真正面に坐っていた五十嵐さんとわたしが議論になったとき、彼は怒りだして「なに言ってんだ、お前は」といきなり近くにあった七味唐辛子の缶をわたしに向かって放り投げました。その頃のわたしはまだ素早かったのでとっさによけることができましたが、唐辛子の缶は確かわたしの後ろの障子を突き破って部屋の外の土間に転がったはずです。

高幡不動の《真澄》という安い飲み屋からの帰り道で、別れ際にわたしが何か新しいことを頼まれて反抗したことがあります。すると、「お前にしかできないことだから頼んでるんじゃないか！」と、さほどきつくはなかったけれども、わたしの頬に平手打ちが飛んできました。たまたまその場面を見ていたのちの文学部事務長、玉造さんがあとで「あなたたちは仲がいいと思ってたけれど、すごい議論をするのですね」とわたしに言いました。「いや、すごいのは五十嵐さんだけですよ」とわたしは答えておきました。だが、彼のこのような反応は、多少甘えの入り混じった一種の愛情表現だったような気もするのです。ドイツ文学科の学生や《新聞学会》の諸君で、彼から叩かれたり、平手打ちを受けた人は、いま改めて彼の愛情を感じとって、むしろ誇りに思うべきであります。石黒さんや相磯君は、ぼくと五十嵐さんの議論や食い違いをつぶさに観察していたようで、「治さんも五十嵐さんを刺激するところがあるからな」との感想を漏らしていました。

これから紹介するのは、石黒家でのある夜の出来事であります。五十嵐、相磯、わたしの三人が石黒家でご馳走になり、たぶん四人で炬燵に入って話し合っていたときだったと思います。わたしが語学教員に対する専門科目担当教員の優越的態度、あるいはエリート意識を論じたことがあります。そのとき五十嵐さんは、自分が批判されたと思ったのか、あるいはわたしのなかにあるコンプレックスを見抜いて不愉快になったのか、急に激怒して、わたしは左頬に猛烈な平手打ちを喰らい、一瞬茫然自失状態となりました。ご存じのように元気な時代の五十嵐敏夫は背も高く堂々たる美丈夫で、手も大きく顔も大きかった。ツキノワグマよりもヒグマに近い雄々しさでしたから、至近距離でその平手打ちを受けたほうはたまったものではありません。強烈な平手打ちは、議論そのものも吹き飛ばしてしまい、あとは、石黒・相磯両目撃者による暴力批判の発言もあってか、ヒグマの兄貴は「わかった。俺が悪かった。謝る。治君、俺の顔を殴ってくれ」と言ったのです。そこでわたしはこのときとばかり、「ほんとに好いんだね」と言って両膝立ちの中腰になり、彼の左頬に、思いっきり平手打ちを食わせました。あの感触はいまもこの右手に残っています。そしてふたりは握手して終わりました。まるで太宰治の『走れメロス』を思わせるような、懐かしい思い出であります。

五十嵐さんは長いこと中央大学の《新聞学会》の部長を務めておりましたが、学友会のなかでも歴史のあるこのサークルの委員長を務めた牛山久仁彦君が、最終学年時に大学院への進学を希望して、当時は自信のなかったフランス語の学力について、五十嵐さんに相談したらしいのです。五十嵐さんはすぐにわたしに連絡して「特訓してやってくれないか」と言ったのです。特訓と言っても試験前に三週間位しかなかったので、ちょっと無理だろうと思ったのですが、この当時の法学部大学院で、フランス語の出題者と言えば、桜木さんか佐竹さん、若手ならわたしと同じ世代の高柳先男と高橋誠（いま挙げた名前の四人はいずれもすでに鬼籍に入っておりますが）、この四人の誰かであろうと判断して、「じゃあ、十八世紀の文章を大急ぎで読もう」と言って、辰野隆と丸山熊雄が編集した『十八世紀名文選集』を使ってルソー、ヴォルテール、ディドロ、などのさわりだけを読んだわけです。試験直前にわたしは、「対策を立ててやってみたけどツケ刃だから、ダメだね、たぶん合格しないよ」と五十嵐さんに報告しました。ところが驚いたことに牛山君は見事合格したのです。たぶんそれは、フランス語の実力とは無関係に、むしろ英語と日本語による牛山の読書量がものを言ったのであろうと、わたしは推測しています。彼はその後明治大学の大学院に移り、いまや同大学の教授であります。じつはこれを契機に、牛山だけでなく宮崎亜美その他の《新聞学会》の何人かと大学院の学生有志によるフランス語の読書会がわたしの研究室で何年か続き、わたしとこのサークルとの縁は深まって行きました。五十嵐さんが在外研究で一年間東ベルリンに滞在したとき、それは、歴史的な一九八九年、あのベルリンの壁が崩壊した年で、五十嵐さんはその目撃者となるのですが、彼の留守中にこの《新聞学会》の部長を務めたのは、ほかならぬこのわたしでありました。そのときの学生の責任者つまり委員長であったのが、高橋直子、結婚して長橋姓を名乗り、現在、夫と二人の男の子とカリフォルニアに住んでおります。そして年に一度夏に日本に帰ってきて、わたしに連絡をくれますが、その際いつも「五十嵐先生にお会いしたい」と言っていました。明日には長橋直子の名前でカリフォルニアから祭壇には花束が届いているはずです。

五十嵐さんが在外研究から帰国するとすぐに、わたしは部長の職をお返ししました。彼は自分の留守をきっかけに部長職をわたしに譲るつもりだったらしく、ちょっと不満気でありましたが、仕方なく受け取ってくれました。けれどもその後、実質的にはわたしが部長を務めているのと同じ事態になって行ったのです。五十嵐さんが体調を崩しはじめ、手術やら療養やらで動けなくなると、当然わたしが学生諸君と付き合うことになる。五十嵐さんは停年退職まで部長を務めてくれましたが、それまでのあいだ非公式に、制度上は存在しない副部長をわたしが務めさせていただきました。わたしが連続して五年間部長を務めたのは彼が停年退職してから、わたしの退職までの五年間であり、その頃はもう《新聞学会》のメンバーも激減し、活動はかなり衰えて来ていました。

しかし《新聞学会》ＯＢやドイツ文学科の学生諸君に与えた五十嵐敏夫先生の影響力と、ときに荒っぽくもなった彼の愛情表現が、みなさんにはよくわかっていたのです。訃報を誰かに伝えると仲間内で素早く遠くにまで伝達され、大勢の卒業生がお別れに駆けつけてくれるのを見て、いまさらながら五十嵐さんの偉大さの一端が理解されます。

「稲城台の病院に入院して、会いたがっています」という連絡を奥さまの信子さんから頂いて、遅ればせながら約一か月前の十一月十八日に病院へ出かけてゆくと、そこは許可がないと出入りできない第五病棟というところでした。老人ホームの《デンマーク・イン》に会いに行ってから、だいぶ時間が経っていたので、ベッドで上半身をやや起こしている彼の顔を久々に見たとき、びっくりしました。見間違えるほどに痩せていたからです。もはやあの元気だったころのヒグマのように大柄な美丈夫の姿はなく、やつれた下顎から出た丈夫な前歯だけが上唇を突き上げているように見えたのです。しかし、相変わらず喋ることは理路整然として、迫力もある。真先に彼が言ったのは、「来てくれてすぐにお使い立てして申し訳ないが、今日は午前中にもよいことがあり、家族みんなで来て担当医に会い、やがて食事もとれるようになるとの報告を受けたそうだ。そこへ治君が来てくれてうれしいから、酒は飲めないが、缶コーヒーで乾杯をしたい。この建物の地下に売店があるから、そこで缶コーヒーを二本買ってきてくれないか。それからもう一つ、森永のミルクキャラメルを嘗めたいから、それも頼む」と言う。呆気にとられているわたしを「じゃあ、ほら、行ってきて」と促しました。わたしは仕方なく廊下に出て、忙しく働く看護師たちと、広い廊下を壁の手すり沿いにゆっくりと車椅子で進むリハビリ中らしい年寄りや、別の患者に部屋を覗かれて怒りの叫びをあげる人などを観察しながら、どうも、おかしいなと思ったので、まずはナース・ステーションに行き、事情を話して指示を仰ぐことにしたのです。第一、買い物に出るにも許可なくしては外に出られない病棟なのです。婦長さんらしい人に説明したら、「そんな、とんでもありません、コーヒーなんか勝手に飲ませないでください。嚥下にも問題がありますから、そういうことは医師とわたしたちにしかできないことです」と叱られました。彼の病室に戻って「そんなこと絶対駄目だって叱られたよ」とわたしが言うと、彼は一瞬、「やっぱりそうか」と言ってがっかりしたような表情を見せましたが、そのあと、もういっさいこの件には触れず、安倍内閣の方針に悲憤慷慨したり、若いときに書き散らした原稿を整理して本にまとめる計画を語ったりして、わたしを喜ばせてくれたのでした。「じゃあ、また来るからね」、「うん、来てくれ」と言い交して握手して別れたのが最後になりましたが、帰る道すがら、缶コーヒーでの乾杯の意図はいったい何だったのだろうか、あれは冗談だったのか、ほんとうに飲もうと思ったのだろうかと、訝しく思ったものでした。

じつはいまでも疑問に思っているのです。そして、わたしは「また来る」と言った約束が果たせなかったことを、心から残念に思い、この件では五十嵐さんに謝りたいと思っております。けれども、本来嘘の大嫌いな五十嵐さんが、おそらく老若男女を問わず、気に入った仲間や友人に口癖のように言っていた台詞、「よおし、お前の弔辞は俺が読んでやるからな」の約束がいまや空文句となったばかりでなく、四年前の石黒さんのときと同じように、弔辞を書く辛い仕事が自分に回ってきたことへの恨みの一つも彼に言ってやりたい気持ちになっています。そう、思い出しました。彼がわたしに守ってくれなかった約束は、もうあと二つありました。一つは、その昔、わたしが憧れていた俳優座の「栗原小巻に紹介してやる」と言った空手形です。これはもうわたしも小巻さんも歳をとりましたから、彼女の古いスクリーンだけで我慢しますが、もう一つの、五十嵐さんの故郷の「岩城に連れて行き、吊るし切りのアンコウを見せてからご馳走してやろう」、という約束については残念至極と言うほかありません。いまは、生前彼が、わたしとわたしたちみんなに示してくださった熱い友情に心から感謝し、彼の御冥福を祈って、合掌いたします。

二〇一四年十二月二十三日

（同日夕刻に行われた《お別れ会》において読み上げた追悼文）

十九　野沢協先生追悼

野沢　協（一九三〇～二〇一五）

協先生と初めてお会いしたのは一九六二年にわたしが都立大大学院の入学試験を受けたときでした。筆記試験では、確か前任者が監督をしていましたが、面接のときは協先生が受験生をひとりずつ呼んで、面接室に連れて行ってくれました。その年の新年度が助手の交代期にあたり、協先生にとっては大学院受験生の案内が都立大における初仕事だったようです。

わたしは学習院の学部時代に、「シラケン」こと白井健三郎と山﨑庸一郎の両先生からとりわけ親しく指導を受けました。指導というより、半分は遊び仲間だったかもしれません。東大時代に協先生と同期だった山﨑先生は、「高橋をよろしく」と電話で言ってくれたらしい。そして、つとに伝説的な野沢先生の博学ぶりと頭の良さを語り、「前任者の大賀さんも野沢も大変な碩学だ。都立大は大学者しか助手に採用しない。教授よりも助手のほうが偉いくらいだ。そういう仏文科だぞ」と言いました。

協先生といろいろと話すようになって最初に驚いたのは、「ドリュ・ラ・ロシェルをやるのなら、ブラジヤックやセリーヌ、リュシアン・ルバテ、もっと古いシャルル・モーラスなど、右翼を全部網羅して勉強し、ついでにあなたも右翼になってしまいなさいよ」と、いともさりげなく言ってのけたときでした。わたしは先生の顔をまじまじと見つめましたが、先生はどこ吹く風といった様子でニコニコしていました。後知恵ですが、おそらくやるのなら徹底的にやれ、だが自分でほれ込む価値のあるものを選べ、と言いたかったのだろうと思います。不勉強のために、わたしは右翼になれませんでした。

協先生は山のように大きく、知識の宝庫のような存在でしたが、同時にわたしには暗夜の海を照らす灯台のような、あるいは羅針盤のような存在でもありました。駒澤大学の専任講師を二年務めた後中央大学に移ってからも、わたしはことあるごとに協先生の意見を聴きに伺ったり電話したりして、問題を処理してきました。意見を聴けない場合でも、こんなとき協先生ならどうするだろうかと絶えず考えました。あの六九年をピークとする「学園紛争時代」の終わり頃に、中央大学に着任したばかりのわたしも、駒澤大学の学生のために弁護人側の証言に立ったことがありましたが、造反教師のレッテルを張ろうとする検事に対して防戦するのがわたしには精一杯でした。必ずしも良い結果が出なかった判決の後で、協先生にお会いしてこの話をしたとき、先生は都立大における裁判闘争のなかで、やはり弁護側の証人として法廷に立ったとき、「真実のみを述べることを誓います」と発言することを拒否して、裁判官と長々と議論し、裁判を進行させなかったという事実を話してくれました。先生は、日本語でもヨーロッパ語でも、「誓う」という言葉は、「神仏に対して」あるいは「神仏にかけて」誓うのであるから、無神論者に誓いを強制することはできないとの論旨を貫いたのでした。わたしはこの話を聞いて、しまったと思いました。もっと早くに相談する暇があったならば、わたしもあんな風にいともやすやすと誓わずに済んだものを、と思った次第です。しかし先生は、この話の最後に「それにしても、造反教師の役割は、反体制の学生諸君をゆっくりと体制内に戻すことでしかないね」と付言しました。

　野沢協先生はめったに唄を歌いませんでしたが、わたしは一度だけ先生の唄を聴いたことがあります。都立大大学院に在籍する学生たちが企画したコンパで、教え子から「先生も何か歌ってほしい」と頼まれたとき、「それでは」と真下飛泉作詞、三善和気作曲の「戦友」[1]を歌い始めたのでした。「ここはお国を何百里」で始まるこの唄は、日露戦争の直後に創られて大変有名になったので、歌詞の半分ぐらいまでは、わたしの世代でも知っていて歌うことができるけれども、これを歌い始めるや、協先生は最後の十四詩節まで歌わないうちは決してやめようとしませんでした。旧満州における友の戦死とその埋葬の現実、亡き友との出会いからこれまでの回想をまじえながら、友の両親に報告の手紙をしたためて涙するという悲壮な物語を、協先生は静かにそして悲しく、高い音も透き通った美声で、朗々と歌い上げました。唄半ばで一瞬、いつまで続くのかといぶかるような苦笑や驚きや「もう勘弁して」などの悲鳴さえも聞こえましたが、やがて全員が皆しゅんと静まり返り、最後は悲壮感に圧倒されてしまいました。作詞者の真下飛泉は、戦場に赴いた経験がなかったにもかかわらず、戦地から帰った友人の体験談を聴いてこの詩を書いたそうですが、臨場感あふれるその表現の的確さと巧みさとで、この唄は歌謡史に残る反戦歌の傑作になっているとわたしは思います。そしてこの唄の真価は、最後の詩節まで理解しなければわからないでありましょう。全十四詩節を一字一句間違えることなく正確に記憶して歌い上げた先生の記憶力もさることながら、先生はわたしたちにこの唄の真価を知らせるために、あえて全歌詞を紹介されたのであろうとわたしは確信しています。そこには、江田島の海軍兵学校における少年野沢協の悲痛な体験、上級生らの残酷ないじめとその犠牲になって自殺した同期生への鎮魂の思いが重なっているに違いありません。先生は自殺した同期生の遺体の処理をさせられたとおっしゃっていました。十八世紀思想史の研究者で、協先生の直系の弟子である大津真作さんは、先生と法政大学出版局の名編集長であった故稲義人氏が一緒に「予科練の唄」を歌うのを聴いたと証言していますが、わたしは残念ながら「戦友」以外の唄を聴いたことがありません。わたしより一世代下の諸君も「戦友」ならば全編を聴いているそうです。

一九八二年のパリ滞在で発見して感動し、国立図書館のサル・ド・マニュスクリでわたしがその後読み始めたジャン＝リシャール・ブロックとマルセル・マルチネの往復書簡を、協先生はぜひ出版して翻訳もするようにと、絶えずわたしを励ましてくださいました。まずは別個の資料として分類されていた相互の肉筆の手紙を判読して筆写し、それを日付順に交互に組み合わせて編集しながら、そこに出てくるすべての人名と刊行物名や事件などを徹底的に調査して、注を付けて原文で刊行するまでに丸七年もかかりました。しかも最初の判読・筆写には、北大教授の親友菊池昌実の協力を得て、初めて実現した仕事でした。確かにわたしの最も誇ることのできる仕事となりましたが、じつは残念ながら、未だに翻訳は刊行できないでいます。この仕事のためにわたしは何年かのあいだ、毎夏のようにパリで過ごしましたが、その間に協先生がわたしにくださった温かい手紙は十数通に及んでいます。そのなかで、一九八五年八月末に受け取った感動的な手紙の一部を紹介させていただきます。そこには、ご自分のベールのお仕事に対する先生のお考えを理解するうえでも参考になりそうなことが書かれております。

「【前略】（八月）十六日のお手紙を拝受して、胸が高鳴り、手がふるえるのをおぼえました。この手紙を書いている頃は、もうブロックの遺児やお孫さんとお会いになった後かと思いますが、ブロックの手紙のフォトコピーの許可も含めて、さぞかし多くの収穫があったことでしょう。それにしても、会見の段取りをつけられるまで、随分御苦労なさったことと思います。お帰りになってから、会見の模様などうかがえるのを楽しみにしております。ブロックとマルチネの往復書簡は、さぞかし感動的なものでしょう。十六日現在、五百分の九十まで写されたとは、どれほどの熱意を注がれてこのお仕事をなさっているかがよくわかり、それにも感動しました。ぜひ全部の写真をおとりになって、ひとつライフワークのようなおつもりで、それを起こし翻訳をなさって下さい（その為には、あと何度か、渡仏なさる御必要も起こるでしょうが）。ふたりの交情と別離に込められた歴史の悲しさは、ひとりのフランス文学者がそれに一生を捧げるだけの価値が十二分にあるものと思います（わたしなどが、はるか昔のピエール・ベールの翻訳などに、自分の貧しかった一生を埋め込んでこの世を去ろうと思うのも、《啓蒙思想の先駆者》の顕揚などというつもりではなく、《学問》などというものではさらに一層なく、もっぱらブロック＝マルチネの関係にあるのと同じ歴史の悲しさを読み解こうと思うからです）。いつかも一寸申しましたように、前回のブロック＝バルビュスの書簡と一緒に、是非これを日本で本になさること（可能なら欧文・邦文双方の）をお考えください。凡百の紀要論文などよりどれだけ多くの人に役立つか測り知れない程です。出版社探しについては、及ばず乍ら、できる限りお役に立つつもりです。どうか頑張って下さい【後略】」。

一九九九年に先生は半年間の在外研究期間をえて、奥さまとご一緒にパリ五区のムフタール街に家を借りて滞在され、ピエール・ベール周辺の文献を読んでおられました。その年の夏、わたしも友人とともに約二か月間、パリ一〇区のユジェーヌ・ヴァルラン街に部屋を借りて、再び国立図書館で調べ物をしたのです。ですからパリでもときどき先生のお宅を訪問したり、どこかで待ち合わせて散歩をしたり、ご家族を含めてピクニックに行ったりする機会にも恵まれました。ブリュッセルから野沢先生に会いに来られた先輩の美術批評家、『見者の美学』の著者である江原順氏にもお会いして、親しく歓談することができました。しかも八月下旬には先生ご夫妻に誘われて、一緒にモンパルナスの駅からTGVに乗り、トゥールーズに一泊して、市内の美術館や教会を見学し、少しは古本屋巡りもしたあと、アリエージュ県のフォワにも行きました。着いてすぐにフォワ伯の居城から町や渓谷を見下ろし、ピレネーの前山を遠望してから、翌日は昼食後にタクシーを頼んで、ピエール・ベールの生地であるル・カルラ＝バイルの村へと向かいました。運転手は下半身に障碍のあるおとなしい中年の男で、車も身障者用に特別に作られたものでした。フォワからアリエージュ川の支流に沿って田舎道を安全運転で北北西に進み、小一時間で目指すル・カルラに到着しました。

この村は、麓に村と同名の一五ヘクタールの湖を備えた標高四〇〇メートルの、ほぼ円形の丘の上に位置しており、丘には中世の初期からすでに砦が築かれ、宗教戦争の頃には拡大強化されたその砦にユグノーたちが立て籠ったと言われ、その昔砦を囲んでいた城壁の一部がいまも残っていました。丘の一番高い地点に十七世紀末に建てられたプロテスタントの教会が建っていますが、ピエール・ベールの父が牧師を務めた時代そのままの外観ではなく、破壊されて部分的に改修されたり復元されたりしたようです。教会の裏手には広場があり、そこには村役場の立派な建物が建ち、すぐ近くにピエール・ベールの生家があって、その家全体がベールの記念館になっていました。一九八九年にこの生家を記念館として開設させたのは、リオネル・ジョスパンだそうです。わたしたちは車を待たせて、この記念館に入り、女性館長の説明を受けたあと、今度は、すでに全巻寄贈され、陳列されていた日本語訳の『ピエール・ベール著作集』の訳者である協先生ご自身が、翻訳の中身の説明を、もちろんフランス語で簡潔になさったのでした。あとで調べたところでは、この村の人口は二〇一三年現在、七七〇人ほどで、「社会党のプリンス」と言われたローラン・ファビウスが、セカンド・ハウスを持っているそうです。

翌日は、フォワの東方二五キロ地点のラヴラネという町までバスで行き、そこでやっとのことタクシーを見つけて、アルビジョワ十字軍で壊滅させられた砦の一つ、モンセギュールを訪れました。麓のキャフェに奥さまをひとり残して、先生とわたしは、名所旧跡の公園として入場料をとる標高一二〇七メートルのモンセギュールの岩山に登りました。荷物が何もないのに片道一時間以上かかり、頂上の砦の廃墟に着いたときは汗びっしょりでした。しかし北方遠くにミルポワの街を眺めながら、十三世紀半ばの十字軍による虐殺の悲劇に想いをはせました。協先生は、『異端カタリ派の哲学』を訳出した教え子、わたしの後輩でもある柴田和雄氏のために廃墟の石を二つ拾って来られました。

トゥールーズとフォワに、わたしは合計四泊をご一緒しただけで、職場の同僚先輩の哲学者やドイツ文学者などのパリ到着を迎えねばならなかったので、アンドラに行きたいとおっしゃったご夫妻をフォワに残してパリに戻ることになりました。わたしの出発時、先生と奥さまはわざわざフォワの駅まで朝早く見送りに来てくださいました。「ありがとう」と言ってわたしの手をとって、とても強く握ってくれた感触がいまだに忘れられません。

一九九七年頃から、わたしは北海道大学の友人菊地昌実に誘われて石垣島に行き、それ以来海と空の青さに魅せられて、スクーバ・ダイヴィングをするようになりました。先生が大腸がんの手術から完全に回復なさったとき、先生を石垣島にお誘いしたのです。そして二度目からは、奥さまもご一緒に滞在を楽しまれました。やがて、ご長男の浩さんも石垣島が気に入ったらしく、到着すると年寄りとは別行動で宿も別でしたが、おひとりでレンタカーを借りてあちこち散策していたようです。年配者は菊地の運転で島内の散策を一緒にやり、わたしたち夫婦はときどき海に潜り、先生は標高五二五メートルの沖縄県の最高峰、於茂登岳などに登り、珍しい蝶を採集しておられました。協先生は普段、立ち居振る舞いが極めて物静かでゆったりしておられますが、蝶を見つけるとじつに素早く反応し、小さく折りたたんであった捕蝶網を取り出して、飛ぶ方向を察知して待ち伏せし、ほぼ確実に捕まえました。ファーブルの『昆虫記』の訳者でもありますから、昆虫一般に詳しいのは当然かもしれませんが、とりわけお好きだっただけに蝶にかんしては専門家でした。本日この会場には、代表的なアゲハ蝶とシジミ蝶の二種類の標本箱を持参していただいておりますが、大部分が八重山の蝶々です。ご自宅の書斎にはこれ以外に大中小の三種類の標本ケースが合計二十数個あります。きっと協先生と奥本大三郎とが話をしたならば、先生の蝶博士ぶりには奥本君が驚嘆したでありましょう。蛇足ですが、学習院のフランス演劇の専門家だった大久保輝臣先生も蝶々を収集していました。しかし彼の場合は、協先生と違って「追いかけるのは昼の蝶ばかりじゃないでしょ」と友人や教え子から揶揄されていたものです。この噂を協先生に伝えると、「でも大久保さんはとても粋で、ずば抜けて人柄が良かったね」と目を細めて思い出しておられました。

先生が二〇〇一年に駒澤大学を退職され、その後も翻訳に専念されて、お元気に『ピエール・

ベール著作集・補巻』やデ・メゾーの『ピエール・ベール伝』『ドン・デシャン哲学著作集』その他を、続々と出版されてゆくあいだ、わたしは年に一度は石垣で先生ご夫妻とご一緒することができましたし、そのほかに定期的にお宅にお邪魔して、こちらのつたない仕事についてもいろいろと話し合い、相談する機会をつくっていただき、何度もお宅で夕食をごちそうになったりしていました。しかし二〇一二年一月の脳内出血のあとは、お邪魔することを控えて、たまに電話で話すだけにしていたのです。もともと先生の仕事ぶりには、お元気な頃でも鬼気迫るものがありましたが、脳内出血から奇跡的にと言ってもよいような回復のあとは、いま思えば、残された時間が少ないと感じとっておられたのでしょう、いっそう根を詰め、仕事を急いでおられたようで、近づくのが怖いくらいでした。にもかかわらず、一度札幌から帰京してその旅の話をわたしが電話でし始めたとき、協先生は、「そういう話だったら聴いている暇はないから、切ります」と言って電話をお切りになった。それからは、約二年半わたしのほうからは電話もかけていませんでした。

二〇一五年の十一月初旬に、最初は札幌の菊地昌実から、「協先生が治男に会いたいと言っているらしい」とのメールが届き、続いて野沢浩さんからも同様の連絡をもらったので、わたしは去年の十一月十一日に野沢家を訪問しました。久々にお会いした協先生のいっそうやせ細った仙人のような姿には、痛ましい思いでしたが、もはや仕事はできないと悟られたあとの達観したような表情には、じつに神々しいものがありました。そのときは、長旅に出るという自分の予定をとても口にすることができませんでしたが、やはり直接申し上げてから出発したいと思ったので、十六日にもう一度お邪魔して、サンフランシスコに旅行することを告げました。すると、協先生は、はっきりした口調で「物騒だから気をつけて行ってらっしゃい」とおっしゃいました。これが、文字通り最後のお別れとなりました。そのとき握った協先生の右の指には、やはりペン胼胝がありましたが、左手の中指と人差し指は、もはや煙草の脂による茶色ではなく、黄金色に輝いていました。先生はわたしが握りしめた両方の手を、力を込めて握り返し、「ありがとう」と何度か言ってくださいました。あの握手には、フォワの駅で別れたときと同じ強い力がこめられていたような気がしています。しかし、いまや、こちらが何十倍も「ありがとう」と繰り返しても、もう取り返しがつかなくなってしまいました。合掌。

（二〇一六年四月二〇日、アルカディア市ヶ谷（私学会館）において行われた《野沢協先生を偲ぶ会》の席上で読み上げられた「追想」をもとに、大幅に加筆・増補）

注（1）

一　ここはお国を何百里　離れて遠き満州の　赤い夕陽に照らされて　友は野末の石の下
二　思えばかなし昨日まで　真先駆けて突進し　敵を散々懲らしたる　勇士はここに眠れるか
三　ああ戦いの最中に　隣に居ったこの友の　俄かにはたと倒れしを　我は思わず駆け寄って
四　軍律厳しい中なれど　これが見捨てて置かれよか　しっかりせよと抱き起し　仮繃帯も弾の中
五　折から起こる突貫に　友はようよう顔上げて　お国の為だかまわずに　遅れてくれなと目に涙
六　後に心は残れども　残しちゃならぬこの体　それじゃ行くよと別れたが　永の別れとなったのか
七　戦いすんで日が暮れて　探しに戻る心では　どうか生きていてくれよ　ものなど言えと願うたに
八　空しく冷えて魂は　国へ帰ったポケットに　時計ばかりがコチコチと　動いているも情けなや
九　思えば去年船出して　お国が見えずなった時　玄界灘に手を握り　名を名乗ったが初めにて
十　それより後は一本の　煙草も二人分けてのみ　着いた手紙も見せ合うて　身の上話繰り返し
十一　肩を抱いては口癖に　どうせ命はないものよ　死んだら骨を頼むぞと　言い交したる二人仲
十二　思いもよらず我一人　不思議に命永らえて　赤い夕陽の満州に　友の墓穴掘ろうとは
十三　くまなく晴れた月今宵　心しみじみ筆とって　友の最期をこまごまと　親御に送るこの手紙
十四　筆の運びは拙いが　行燈の陰で親たちの　読まるる心思いやり　思わず落とす一滴

二十　鈴木重生さんに

鈴木重生（一九二五〜）

どこから、何から語り始めたらよいのか、戸惑っている。鈴木重生さんとはずいぶん長い付き合いだし、職場以外の共通体験も多いので、彼にまつわる思い出を拾い上げたらきりがないであろう。それに、いつかはこうなるものと覚悟はしていたものの、停年退職される恩師や先輩同僚におくる言葉を書くのは、中央大学ではこれが初めてなのだ。これまでに書かせていただいたのは、みな故人となった方々の思い出、いわば追悼文であった。身近な人の追悼文を書くことは悲痛であるが、元気に停年を迎える親しい人におくる言葉は、また別の意味で書きにくい。その人との付き合いが終わるわけではないので、共有した過去のすべてをいまだふりかえる気にもなれないからだ。あまりに知りすぎているからと言えばおこがましいけれども、話自体がとても面白く、また当人の個性をみごとに表現しているエピソードを、ほんとうは紹介したいところだが、それをわたしなりに整理して、少なくとも主観的にはありのままのつもりで書いてしまうと、やはりお叱りをこうむりそうである。「あれはね、じつはそうではないのです」と、ご本人から言われそうな気がする。「こういう場合、鈴木さんだったらどうするか」。いささか懐かしい思いを抱きながら、またしてもこう自問する。この問いかけは、三十代から四十代のわたしにとってほとんど日常的な問いかけであった。いまでは昔ほどこの問を発しなくなったが、それは、彼とはずいぶん考え方も性格も能力も違うのだと知って、多少開き直って諦めたからである。まさしく「こういう場合」、彼ならば幾通りもの対応手段を持っているから、現実の伝達・表現の世界ではその限りにおいて可能なことを述べ、そこで言わなかったことは、またまったく別のかたちで表現してみせるだろう。鈴木さんには、小説を書くという決め手が、いわば奥の手があるのである。

あれは、すでに遠い日の、まるでレモネードのなかで揺らいでいるような映像だが、柿の木坂の、いまはもう存在しない古い東京都立大学の仏文研究室で、わたしは初めて鈴木重生さんの姿を見た。故小場瀬卓三先生とさし向かいに坐って、何か話をしているところであった。わたしが大学院に在籍していた頃、ごく短いあいだ彼が研究室の助手を務めた時期がある。その年、教員と学生の合同でコンパが開かれたとき、現在武蔵大学の教授である原幸雄君が司会者となって、出席者全員の自己紹介を手際よく引き出したことがあった。原君はその頃から自分も小説を書いていたので、鈴木さんの創作活動にたいしてきっと特別な関心を抱いていたに違いない。鈴木さんについて「小説もお書きになり、名前の通り大変重く生きておられる方であります」と述べた。鈴木さんはこの表現に「困ったな」という顔で苦笑していた。あれから約三十年の歳月が流れたが、いまも鮮やかに思い出すほどに、鈴木さんにかんするこの原君の言葉はまことに当を得ていたのだと思う。翌日は横須賀まで出かけて、原子力空母エンタープライズの寄港反対デモに参加する予定だったから、出席者の何人かは長時間話し合う機会をもつわけにゆかず、たしかこの日のコンパは珍しく早めに切り上げたと記憶している。

鈴木さんは都立大学にいるときにも何人かの学生と一緒に読書会を開いていた。わたしは忙しくてその頃は参加できなかったが、やがて追い出されるように修士課程を終えて、幸いにもいくつかの大学でフランス語の非常勤講師として働くようになったとき、多くの友人や先輩に混じって、鈴木さんが中心となって組織されていた勉強会に遅ればせながら参加するようになった。当時みんなで読んで報告し合ったのは、『エッセ・クリティク』や『スュル・ラシーヌ』など、ロラン・バルトの作品であった。

一九六七年の四月に、いま思い起こすと降って湧いたような幸運に恵まれて、わたしは駒澤大学の専任講師に採用された。鈴木さんと同僚になったわけである。彼は一年後の一九六八年には中央大学の法学部に移られたので、専任教員として駒澤で一緒だったのはわずか一年にすぎなかったが、その短いあいだの付き合いでも、すでに相当に密度が高くなっていた。いまでは信じられないことかも知れないが、当時の駒澤大学には、教職員組合も結成されておらず、いろいろと改善すべき点が多かった。ある評論家が仰天して「明治維新以前」と評した状況のなかで、若手の教員が団結し始め、わたしたちもそこに参加して微力ながら改革の努力を開始した。この時期からわたしは、解決すべきあらゆる公的な問題について鈴木さんと意見を交換するようになったのである。彼はつねに人の意見をよく聞き、あらゆる可能性を吟味したうえで、理論的には正しくても実現不可能な解決策ではなく、段階を追ってできるだけ改善に近づくための、実行可能な策を提案するのだった。彼のこの姿勢はその後もまったく変わっていない。中央大学の人文科学研究所長を務めたときの彼の仕事ぶりを知っている人は、その鋭い観察眼と洞察力、みごとなバランス感覚、慎重で適切な判断、そしてひとたび方針を決定したら、その実現のために発揮する舌を巻くほどの逞しさと粘り強さに触れて感嘆したことがあるに違いない。少し前からわたしは彼のことを「知恵袋」と呼びはじめているが、知恵袋であるのはいまにはじまったことではない。わたしにとって、先に触れた「彼ならどうするであろうか」とわが身に問いかける習慣は、じつは、とりわけ頼りにしていた人が同じ職場から去って行った直後の駒澤時代にまでさかのぼると言ってよいのである。

中大法学部で専属のフランス語専任教員が勤務するようになったのは、一九六八年以降のことだ。それ以前は、どの学部のフランス語の授業も文学部のフランス文学科に委ねられて、兼任講師も文学部から派遣される形になっていた。法学部ではいわゆる「縦割り・学部分属」の初年度に故竹村猛先生と鈴木重生先生のふたりを迎えて発足し、翌一九六九年にもうひとりスタッフを増やした。その増員の対象に、たまたま猛さんと鈴木さんの両者と面識のあったわたしが選ばれたわけである。これまた大変な僥倖であったが、おそらくこの人選には鈴木さんの意見がかなり尊重されていたのではないかと思われる。

「自治会建設運動」に始まった紛争の駒澤大学から、「常置委反対運動」「大学立法反対」そして七〇年安保闘争へとなだれ込んだ紛争の中央大学に移ったとき、それはすでに「東大安田砦」の攻防戦のあとであったが、駿河台のキャンパスは「全中闘」によって封鎖されていた。専任講師としてわたしが着任の挨拶をした教授会は練馬グランドの畳の部屋で行われていたし、二度目に教授会に出席したときも、三度目に呼び出しを受けたときも、つねに学部長が別の人に変わっていた。当時専任講師にはヴォートがなかったから、必ずしもすべての教授会に出席したわけではなかったが、とにかく学部長がめまぐるしく変わるのには驚きながら、わたしは猛さんと鈴木さんの指示を仰ぎ、あとからおろおろついていった。授業再開の見込みは立たない。呼び出されて最初にした仕事といえば、「中央大学」の腕章を巻いてキャンパスのまわりをうろうろして、機動隊の導入後はヘルメットをかぶった学生諸君に石を投げられて逃げたりする日々が続いていた。

そんなある日、鈴木さんとわたしのふたりがペアとなって「パトロール」をしたあと、ほかのペアと交代して大学会館に戻っていると、デモ行進中の武装した学生たちが機動隊と衝突したらしく、おもてで激しい物音が聞こえた。やがて機動隊に追われて何人かの学生が大学会館に逃げ込み、それを追って恰幅のよい青い乱闘服が数人階段を駆け上がってくる。そのときわたしたちは二階の角のトイレの脇にいたのだが、とっさにわたしは学生を助けるべきだと思い、無謀にも機動隊員の前に飛び出しそうになった。その瞬間、鈴木さんはわたしの腕をしっかりと押さえて「出ちゃいけないッ」と厳しい口調で言いながら、あの華奢なからだのどこから出たのかと思うほどのものすごい力でわたしをトイレのなかに引きずり込んだ。興奮冷めやらぬまま呆然としていたわたしの眼に、青い服に囲まれた髭面の憮然たる若者の顔がちらりと映ったような気がする。あのとき、もし鈴木さんが力尽くで制止してくれなかったらどうなっていたかは知る由もないが、とにかくわたしは肉体的にも鈴木さんに救われたことがあるのだ。

あの大学紛争のさなかにはいろいろなことが起こったし、そのなかでさまざまな議論や話し合いを重ねたものである。当時「心情三派」というわけのわからない名称があって、「大学立法に反対するバリケードを、機動隊を導入して排除した以上、われわれには論理上大学立法に反対することができるのだろうか」などと自問していたわたしなども、その「心情三派」と見なされていたようである。大学紛争にかんする考え方や感じ方は、猛さんと鈴木さんとわたしとでは当然のことながら少しずつ違っており、年齢差もあってとくに猛さんとわたしとのあいだにはかなりの開きがあった。猛さんも鈴木さんもけっして自分の考えを押しつける人ではないが、やむを得ずに採用した大学の方針を何もできぬくせに批判したがる若い教員に、少なくとも猛さんはかなり不愉快な思いをしたはずである。意見の衝突があったとき、一度だけわたしは猛さんに「気にいらなけりゃ、辞めたまえ。きみを採ったことは失敗だったかもしれん」と言われたことがある。これは最も極端な事例なのだが、このような場合はいつでもあとの修復を鈴木さんがやってくれた。飯田さんと鬼頭さんが加わって法学部フランス語専任のグループが五人になってからも、鈴木さんこそが全員のあいだの最高の潤滑油であり続けたと思う。

一九七〇年の七月にナタリー・サロートが来日して、自分の車でサロート夫妻を鎌倉に案内することになったとき、彼は、フランス語会話がろくにできもしないわたしを助手に使ってくれた。秀才女学生の面影をとどめるサロート女史との楽しくも苦労したあの一日の話はここでは省くけれども、おかげでずいぶんと貴重な経験をすることができた。そして同じ年の夏、わたしが志賀高原のスタージュに参加したのも、参加を勧めてくれた鈴木さんがスタージュの実行委員であるという心強さがあったからだと思う。志賀高原までの往路を彼の車に乗せてもらい、たっぷりと余裕をとって、碓氷峠を登りきってから途中旅館で一泊したのだったが、そのとき彼は自分の枕を持ってきていた。「枕が変わると眠れないから」と彼は言った。

人が何を考えているか、何を望んでいるかをすばやく見抜く。それだけではない。彼は人の取り柄を、長所とは言えぬまでも、長所となりうるきざしを見つけてそれを活かそうとしてくれる。彼にあっては人間相互の対立や差異はあたりまえのことであって、対立を眼にするとたちまちその止揚を考えているのではないかとさえ思う。いつの頃からか、わたしには比較的はっきりとものを言ってくれるようになったと思っているが、そしてそれはわたしが「文学のわからない」、いわば直説法の世界にのみ住んでいる人間だと知ったからなのだろうが、それでもなお、忠告や助言めいたことはストレートには言わず、事実の観察に則した感想のなかに暗示的に忍び込ませる方が多かった。「石橋を叩いて渡ると言うけれど、ぼくは石橋を三度ぐらい叩かないと渡らない」とか、「ぼくのつきあい方はいつでもつかずはなれずです」とか、「バランス感覚に欠ける人間は困りますね」などと折に触れて彼の語った言葉は、自分のことや一般論に託したわたしへの忠告であったという気がする。もっとも、だからと言って、その忠告が活かされたかどうかは保証の限りではない。自分が馬鹿だと気づいても必ずしも利口になれるわけではないのだから、これはまったく別問題である。

吉行淳之介と同期だったと聞く旧制静岡高校から、鈴木さんはいったん東北大学の数学科に入学しているが、緻密と明晰を好む青年は、だからこそとも言えるのかも知れないが、同時にきわめて繊細な神経の持ち主で、人間の性状、生きざまへの並々ならぬ好奇心と心理や人情の杳とした世界にたいする類稀な関心を抱いていた。東北大学を二年で中退した彼は、東京大学の文学部フランス文学科に転入学した。ドリュ・ラ・ロシェルは「好奇心とはプチブルの特性である」と言っているが、鈴木さんがプチブルであるか否かは別として、おそらく基本的にはこの好奇心がなければ文学は成立しないし、小説など書けはしないであろう。好奇心からにせよ、人間の反応を観察する鋭い眼を養ってきた彼は、あらゆるものにその眼を注ぐ。作家ならば誰しもそうであるが、ジッドやドリュのように自分自身をも客体化して冷静に観察する。いつだったか、フランスから帰ってきたとき彼は、「不思議なもんだね、パリに着いた当初は、フランス人の女性が少しもきれいだと思わなかったのに、時間がたつにつれてだんだんきれいに見えてくるんだ」と、じつに愉快そうに語ったことがある。なんだか「美とはヒキガエルの雄にとってはヒキガエルの雌である」というヴォルテールの言葉を思い出させる台詞だったが、ご本人は、生き物としての生理や欲求がいかに美的感覚や見解に影響してゆくのかをわが身に感じとって、まるで楽しんでいる風情だった。おそらく彼は人間のどんな反応をもないがしろにしない。当然好き嫌いはあるけれども、どんなに汚い現実にもどんなに醜い欲望や心理にも眼を背けずに、ありのままに見ようとする。その意味では徹底したレアリストであると言ってよい。ただしそのレアリスムは一回り大きな、具体的な事実を対象とするだけではなく、むしろ人間の心のなかを対象とするレアリスムであり、彼がサロートを評して使っている意味でのレアリスムであろう。しかもそれは絶対に挫けない、敗北を知らぬ人間信頼のユマニスムに支えられているとわたしは推測している。

ずっと以前に、フランス文学科の井原鉄雄教授とのあいだで小説家としての鈴木さんのことが話題になり、井原さんが「鈴木さんのことを誰かが『手だれ』と言っていましたよ、『手だれ』というのは、変な表現だけれど、ヴェテランにたいするほめ言葉らしい。あなたは鈴木さんの小説を読んでいますか?」と言った。そのときわたしはいまだ鈴木さんの小説を読んでいなかったから、何とも応えようがなかったけれども、いまではいくつかの作品を読ませていただいて、「なるほどうまい、大変な筆力をお持ちだ。『手だれ』ないしは『手だり』というのは当たっている」と思っている。彼の評論やエッセイは、『白門』や『中央評論』などで接してきたから、その緻密で、抑制のきいた、磨かれた文章にはつとに敬意を抱いてきたし、発想の正当さや分析の明晰さにもできれば学びたいといまでも考えている。そのためには彼のヌーヴォー・ロマン研究の主著、『ヌーヴォー・ロマン周遊——小説神話の崩壊』をもう一度精読する必要があるだろう。

最初に読んだ鈴木さんの小説は、『文学界』に掲載された『サン・モールの月』だったが、これは一九八〇年から翌年にかけてのパリ滞在の体験をもとに書かれた小説で、そこに扱われた事実のいくつかはすでに直接お聞きして知っていただけでなく、事件に絡まる人物が作者を含めてあまりにも身近すぎて、現実そのもののように感じられたせいか、わたしにはあまり小説作品として読めなかったという印象がある。しかしあとになってほかのいくつかの作品を読んでみて、『サン・モールの月』がもたらしたその生々しいリアルな印象こそ、作者の狙っていたものではないかと思うようになった。わたしが読んだそのほかの作品とは、おそらく高校教諭時代の組合運動の体験を使ったものと思われる『変化の宿』（一九六四年）、描写もイメージも構成も複眼的で、きわめて斬新にして挑戦的な手法の『極楽寺古伽藍図』（一九七八年）、『サン・モールの月』に続くパリ生活の情景を描いた『ヴェネチアン・レッド』（一九八九年）、最近失ったわれらが同僚、故飯田浩三氏への鎮魂から生まれた『ヒポクラテス余情』（一九九四年）、教え子の女性を殺害して家族ともども石廊崎で身を投げた某大学助教授の事件にヒントを得て、この事件にまつわる情景を再構成して見せた『奈落』（一九九五年）の五作にすぎない。だが、これらの作品のいずれにも、随所に、効果的に、作者の豊かな感性と鋭い観察力が登場人物を通して現れているのはもちろんのこと、具体的な事実や事件から出発しながら現実とはまったく別の、あり得なかったけれどもあり得て不思議のない世界が、構築されてゆくのである。しかもその世界は、作品のなかですら現実であるという保証を持たない場合さえあるのだ。にもかかわらず、それは登場人物の心理や頭のなかでは紛れもない真実であって、事実や他人の思惑や生き方の解釈からはじまって、「ああだろうか、こうだろうか」の疑心暗鬼や心理描写、はては過去の幻影や現在の幻想という多種多様のかたちで現れる。ここに至っては、どこからどこまでが鈴木さんという作者の見聞した現実で、どこからがフィクションであるかという問題などはいりこむ余地がない。人間観察の鋭さと描写の迫真性と説得力が、非現実を現実に変えてしまっている。

思うに、最初は人間心理の襞を解明しようという発想があったであろう。その限りでは、彼のおおもとの発想は、場合によっては、自らそのジッド宛の書簡の一部を翻訳しているロジェ・マルタン・デュ・ガールの関心に共通する古典的な発想であると言えるかもしれない。しかし、心理の動きを克明に描写してゆくうちに、やがて、そこに光をあてるなどという試みよりも、錯綜した暗い世界そのものを提示しようと考えるようになったのではないか。わたしの考えでは『極楽寺古伽藍図』がその典型であると思う。そしてこの作品の構造は、彼が得意とする心理描写の手法から直接生まれてきたものに違いない。構造は手法の延長であり、手法の構造化であると言ったら、わが作者は「ピントはずれもはなはだしい」と笑うだろうか。

とにかく登場人物のひとつの反応、一瞬の心理を提示するときに、この作者はそれ以外のありうべき無数の反応と心理を吟味しているであろう。数学者のように、いや、言語を操るものとして、あらゆる解釈の可能性を吟味しているだろう。そのなかから最もリアルなものを選ぶ。だからこそ、非現実が真実味を帯びてくるのだ。その意味でもたしかにレアリストであるのだが、彼は直説法の世界のレアリストではなく、日本語の表現形式には不幸にして存在していない、条件法と接続法の世界のレアリストなのである。

こういう世界を描く彼は、日々、現実の世界とは違った何通りもの世界に生きているに違いない。その才能はうらやましい限りである。昨日会った鈴木さんと今日会う鈴木さんとのあいだにどのような世界が創られていたか、わたしには想像もつかないけれども、ありがたいことに、いつでも彼は、大学ではわたしを相手にするときに限らず、直説法の現実に帰ってきてくれる。

「知恵袋」の現役引退は、わたしたちにとってたいそう痛手であるが、これからは彼なしでやってゆかねばならない。これまでのご厚誼とご苦労への感謝をこめて、今後の鈴木さんのご健勝と、新しい小説世界の構築とを心から祈っている。

（一九九五年十一月十六日記、一九九六年二月発行の『仏語仏文学研究』第二十八号に掲載）

あとがき

一九六九年四月から二〇〇七年三月まで、中央大学の教員として奉職した三十八年間に、筆者はたくさんの同僚と知己を得て、貴重な知的体験をさせていただいた。とりわけ、年上の同僚からは、生き方や研究について、多くの温かい示唆や助言をいただき、心から感謝している。

若い頃の筆者は、自分に何か誇るに足るものがあるだろうかと何度も自問し、つねに全面否定的な回答しか見いだせないでいた。しかしやがて、自分自身には何一つ誇れるものがなくても、素晴らしい友人と師匠たちがいるではないか、と自らを慰めるようになった。そして、古くは小・中学校に遡り、いまだに続く友人関係や高校・大学・大学院と続いた学生時代のなかで新たに得た友人や多彩な恩師との長い付き合いに思いをいたし、傘寿を迎えるいまは、つくづくと、筆者がほんとうに誇れるのは師友との交友関係だけであるとの感が、ますます強くなってきた。いや、いまや筆者の大切な友人には、昔の教え子であった卒業生の一部も加わっているのだから、この交友関係はさらに拡大され、かつ豊富にして密度の高いものになっていると言えるだろう。ありがたいことに、筆者はとりわけ、これまでに享受した人間関係に、人並み以上に恵まれた果報者であったと思っている。

中央大学に在職しているあいだに、どういうわけか、筆者は、親しかった恩師や先輩同僚の追悼文や、停年を迎えて退職する年長の友人を送る言葉を書く機会が多かった。それらの文章は、対象となった友人や師匠筋の先輩各人についての、忘れがたい思い出であると同時に、魅力にあふれて味わい深い個性の肖像にもなっている。本書に収録したものの多くは、ラ・ロシュフコーやラ・ブリュイエールなど、フランス十七世紀のモラリストによる「ポルトレ」には遠く及ばないにしても、親しい友人と名のある師匠や文筆家にもお褒めの言葉をいただき、まとめて刊行することを勧められたエッセイなので、このたび、中央大学出版部にお願いして出版することにした。自分に誇れるものが師友だけであるのならば、その師友の懐かしい思い出と、彼らが生きた証を、筆者なりの精いっぱいの力でささやかな記録にとどめておくことこそ、自分の生きた証になるのではないかと考えたからである。

もうひとつ、本書を刊行する気になった最大の理由は、筆者の師匠たちのなかでも、最高の学者にして最も敬愛してやまない野沢協先生が、昨年の秋に亡くなられたことである。協先生については、まだまだ書き足りない思いがあるが、自分の能力の限界を知らねばならない。欲張っても仕方のないことである。彼へ の追悼と鎮魂の切なる思いが、時間的には一番最近のことである。

本書で扱った二十人の師友のうち、十九人はすでに物故した方々である。目次の順序は、没年の古い順に並べてある。大部分がフランス語・フランス文学の研究者であるが、中央大学の同僚は、必ずしもフランス文学者ばかりではない。高柳先男と江川潤という、筆者の親しかったふたりの政治学者と、人文科学研究所で一緒に共同研究をしたドイツ文学の兄貴たち、石黒英男と五十嵐敏夫がいる。

そして本書で最後に登場するのは、いまもなお健在で健筆をふるい、今後も小説の新作品を用意しているであろう、作家の鈴木重生さんである。鈴木さんの退職を記念して、この拙い「おくる言葉」を書いたのは、もう二十年以上も前のことである。彼はその後、数編の中編小説を書きあげている。

冒頭の「一　力衛さん」、「二一　福永さん」と、「八　シラケン先生」、「十七　山﨑庸一郎先生」の合計四点は、いずれも、筆者が学習院大学時代に師事した恩師であり、本書にどうしても加えるべきであると考え、本年六月に、《八王子桜友会》に頼まれて行った講演、「学習院フランス文学科の華やかなりし教授陣」の原稿をもとに大幅に加筆して、七月に書き下ろしたものである。講演原稿には、丸山熊雄、笹森猛正、山本功、大久保輝臣、辻邦生などの諸先生についても書いてあったが、ここでは割愛した。

また旧都立大学大学院における思い出にも、とくに小場瀬卓三、安士正夫、川俣晃司の三先生については、それぞれに忘れがたいエピソードがたくさんあるけれども、残念ながら、もはや書く機会がないであろう。

筆者がこれまでに大変お世話になり、いまも健在で活躍しているわが敬愛する親友が、ほかにもたくさんいるけれども、ありがたいことに、彼らのことを書く仕事からは、これをもって完全に解放されるであろうと、いまや考えている。願わくば、筆者が先に去ることができるようにと、願うこの頃である。

本書のタイトルには、気に入っている『交友余情』を使うことにした。筆者は、同じ発音で一文字だけ違う、『交遊余情』の四文字を、高柳先男の追悼文で先に使用したことがあった。本書では、扱った人物が圧倒的に恩師や先輩が多いうえに、ほとんどが酒や遊びや雑談の話が多いのだけれども、多少は学問的なことも出てくるので、懐かしい付き合いを思い出して、『交友余情』のほうがふさわしかろうと愚考した次第である。

二〇一六年九月二十三日

高橋　治男

著者略歴

髙橋　治男（たかはし　はるお）

一九三六年千葉県生まれ。学習院大学文学部フランス文学科卒業、東京都立大学大学院仏語仏文学専攻博士課程中退。中央大学法学部教授を経て、現在は名誉教授。専門は二〇世紀、特に両大戦間のフランス文学。訳書に、G・ルフラン『フランス人民戦線』（一九六九年、文庫クセジュ、白水社）、ポール・ニザン『妻への手紙』共訳（一九六九年、晶文社）、ドリュ・ラ・ロシェル『秘められた物語／ローマ風幕間劇』共訳（一九八七年、国書刊行会）、タハール・ベン・ジェルーン『歓迎されない人々―フランスのアラブ人』共訳（一九九四年、晶文社）、『文化の擁護―一九三五年パリ国際作家大会』共訳（一九九七年、法政大学出版局）、ミシェル・ラゴン『フランス・プロレタリア文学史―民衆表現の文学』（二〇一一年、水声社）、アラン・セルジャン『アナーキストの大泥棒』（二〇一四年、水声社）。著書に『希望と幻滅の軌跡』共著（一九八七年、中央大学人文科学研究所）、『プーライユと文通した日本人』（二〇〇八年、中央大学人文科学研究所）。編著書に Correspondance Jean-Richard Bloch—Marcel Martinet（一九九四年、中央大学出版部）。論文に《アンリ・プーライユの生涯―グラッセ入社まで》（『仏語仏文学研究』第15号、一九八三年、中央大学仏語仏文学研究会）、《バルビュス・ブロック往復書翰》（『人文研紀要』第3号、一九八四年、中央大学人文科学研究所）、« Autour d'Émile Masson : Jean-Richard Bloch et Marcel Martinet », in Émile Masson, Prophète et rebelle, sous la direction de J.-Didier et Marielle Giraud, avec Préface d'Edmond Hervé, avril 2005 などがある。

交友余情――忘れえぬ師友の肖像

二〇一六年一二月二〇日　初版第一刷発行

著　者――髙橋治男

発行者――神﨑茂治

発行所――中央大学出版部
東京都八王子市東中野七四二―一
〒一九二―〇三九三
電　話　〇四二―六七四―二三五一
ＦＡＸ　〇四二―六七四―二三五四
http://www2.chuo-u.ac.jp/up/

印刷・製本――株式会社　遊文舎

ISBN978-4-8057-5230-2